DEMMLER VERLAG

VADDER KOCHT

oder

Wie man eine Küche verwüstet

✳

Für vier Wochen
norddeutsche Hausmannskost,
gekocht und geschwätzt
von
Jürgen Borchert
und
illustriert von Horst Schmedemann

DEMMLER VERLAG

Titelbild und Illustrationen: Horst Schmedemann, Warsow

Mit freundlicher Unterstützung
vom

Restaurant Weinhaus

© 1994 Demmler Verlag
Bahnhofstraße 36
19057 Schwerin
Telefon / Telefax 03 85 / 4 49 79

Lithos und Satz: Digital Design, Schwerin
Druck: Offset-Druck Rostock
Buchbinderische Verarbeitung:
Kunst- und Verlagsbuchbinderei GmbH Leipzig

ISBN 3-910150-23-3

Vorspeise

Dies ist kein richtiges Kochbuch.
Seit ich mit meiner lieben Mitmenschin verheiratet bin, und das dauert nun so „üm annerthalf Stieg Johr'n" an, haben wir, von einigen Intervallen abgesehen, uns abends angeguckt und uns gefragt: „Nu segg', wat äten wi morgen?"

Die Intervalle waren den unterschiedlichen Lebensumständen zuzuschreiben, die wir gemeinsam durchreisten, und eine Zeitlang hatten wir einen zwar ungehobelten, dafür aber aufrechten Gastwirt namens „Grober Otto" zur Seite, der uns die Woche über die Frage abnahm und das sorgenvolle Bedenken auf das Wochenende reduzierte. Ehre seinem Andenken!

Er erteilte mittels seiner Speisekarte allerhand Lektionen in Sachen normaler Ernährung und Sättigung, aber auch im Hinblick auf eine gewisse „Beschaffungskriminalität", denn zu DDR-Zeiten ein privat geführtes Speiserestaurant zu betreiben, das ging nur mit Tricks und Winkelzügen.

Otto hatte sie alle drauf, und sein Restaurant war jeden Mittag gerammelt voll.

Otto prunkte nie mit Delikatessen.

Wie er es fertigbekam, eine unvergeßliche Linsensuppe

(wir beschreiben sie auf Seite 64) als Standardgericht auf seiner Karte zu haben, wo es doch in kaum einem HO-Geschäft Linsen zu kaufen gab – dieses Geheimnis nahm er mit in sein Grab.

Es gab zwei Eintöpfe, dann waren zwei oder drei Schweine- oder Rindfleischgerichte im Angebot, natürlich auch was mit Eiern, deftige Landüblichkeiten, die unvergessene „Blut- und Leberwurst" mit Salzgurken (für 1,25 MDN), Königsberger Klopse (Otto nannte sie grinsend „Revanchistenknödel"), Kohlrouladen; leider fast nie Fisch, er mochte selbst keinen.

Seine Speisekarte blieb im Gedächtnis. Wir kochten später fast alles nach.

Ein anderer Lehrmeister war unsere Tante Anna. Sie bekochte ihre achtzigjährige Mutter, ihre Schwester, ihren versoffenen Gemahl (er hieß Gustav und liebte Sauerkraut) und ihre beiden ewig hungrigen Neffen, die nach Schulschluß einfielen. Anna konnte alles. Sie war sonst irgendwie dröge und altbacken und nörglerischen Wesens (kein Wunder bei Gustav), aber kochen konnte sie im Schlaf. Ihr Erbspüree ist mir unvergeßlich.

Meine Mutter hatte es mehr mit dem Backen als mit dem Kochen, aber ihre Rouladensoße! Bei Gott!

Wir, halbwüchsig, wissend um die Probleme der Fleischbeschaffung, beknieten sie: „Wir brauchen doch gar kein Fleisch! Nur Soße, Soße!" – „Ihr Dösköppe!" sprach sie, „wie soll ich wohl Soße machen ohne Fleisch!" und lachte.

Während der schlechten Jahre nach dem Krieg mußte sie in einer Russenküche helfen. Der Lohn bestand in Kohlköpfen. Ich kann für den Rest meines Lebens den Geruch gekochten Weißkohls nicht mehr ausstehen. Gewiß, Mutter brachte uns mit dem Kohl durch die Hungerjahre. Aber dennoch, alle Liebhaber von Kraut oder Kappes mögen mir böse sein – ick kann ihm nich mehr riechen, wie der versoffene Onkel Gustav gesagt hätte.

So sammelten sich Erfahrungen und kamen zu Früchten, als das Leben mich an den Herd zwang. Schon bald begriff ich die Kocherei nicht als Handwerk oder als Kunst, sondern als Philosophie.

Wie dann allerdings die Küche nach meinen Meditationen und Exerzitien aussieht, das weiß allein meine Getreue, die dann den Schiet wedder wegrümen möt. Sie tut es indes ganz gern, glaube ich jedenfalls. So ist das nun mal aufgeteilt bei uns.

Unsere Küche ist auch zu klein, als daß zwei in ihr Platz hätten. Man muß sich abwechseln.

7

Wie gesagt – dies ist kein Kochbuch. Sie können es natürlich als ein solches benutzen. Es reicht durch einen Monat. Dann fängt man wieder von vorn an. Oder man geht mal essen, die Kneipiers wollen auch leben. Viel Spaß!

Schwerin, im Oktober 1994

Jürgen Borchert

Die erste Woche

De hogen Feste

In een Dörpschol fröggt de Lihrer de Jungens af. Nu kümmt Korl Nüßler ran:

„Korl, wieviel hohe Feste haben wir?"

„Drei, Herr Lihrer!"

„Richtig! Und diese nennt man?"

„Austköst, Harwstmarkt un wenn mien Vadder sien Swien schlachten deit."

Sonntag

Kleiner Filetbraten vom Schwein

Ja, wir gehen gleich mal ein bißchen höher 'ran. Es ist nämlich so: Ein Schweinefilet, das der Fleischer anbietet, ist absolut fett- und sehnenfrei, das ganze Stück ist restlos verwendbar. Kein Abfall, kein Knochen. Und wenn Sie zu zweit ein kleines Filet nehmen, reicht das auch. So teuer ist das nicht. Nun geben Sie sich schon einen Ruck. Montag machen wir Porreesup-

10

pe, das spart dann wieder. Na, also. Schließlich ist heute Sonntag.

Das Filet reibe ich von allen Seiten mit Salz ein und lege es erst einmal zur Seite. Denn zunächst tue ich ein Stück Butter (Sie lesen recht; wer Schweinefilet in anderen Fetten brät, dem soll die Hand abfallen) in einen nicht zu großen Schmortopf. Schön, wenn Sie bereits im Besitz eines solchen edelstahl-blitzenden Wirtschaftswunderdings sind. Aber Omas alter eiserner schwarzer bauchiger Schmortopf tut's ebenso. Gleich hinterdrein zwei, drei Streifen Speck. Dazu Mozart aus dem Recorder – das Zischen der Butter, das Duften des sich glasig schwitzenden Specks und „Cosi fan tutte" machen die Küchenatmosphäre angenehm. Eine mittlere Zwiebel wäre nun zu schälen und in dünne Spalten zu schneiden: hinein damit! Wir warten, bis die Zwiebel glasige Konsistenz annimmt und packen nun das Filet schön rund in den Topf. Wenn Sie wollen und fürs Dekorative sind, können Sie das dicke Ende und die Spitze mit einer Rouladennadel zu einem Ring zusammenstecken. Das putzt ungemein. Nun lassen Sie es leise schmurgeln, bis die Zwiebel ganz leicht zu verbrennen beginnt. Das ist die Kunst bei der Sache: Die Zwiebel muß zwar schon ein bißchen brennen, aber eben nicht ganz schwarz werden. Das Fleisch haben wir

11

ein paarmal umgedreht, und nun füllen wir mit kochendem Wasser auf. Hei, wie das zischt! Am besten ist es, den Topf dabei von der Flamme zu ziehen, weil es sonst ganz schön spritzen kann. Sie wollen ja auch den Schlips, den Sie zur Feier des Sonntags schon umgebunden haben, nicht anschließend wegschmeißen.

Gießen Sie nur soviel Wasser zu, daß das Fleisch eben bedeckt ist. Dann nehmen Sie den schönen, dicken grünen Apfel, den Sie zu diesem Zweck erworben haben, sauer muß er sein, am besten ist Boskop, und legen ihn, wie er ist, samt Stiel und Schale mitten in den Topf. Dann denselben wieder auf die Flamme, warten, bis es wieder brodelt, kleinstellen, Deckel drauf, Kurzzeitwecker auf 30 Minuten, ein Bier aus dem Kühlschrank, Mozart etwas lauter: Pause.

Nebenbei: Wer's mag, sollte schon jetzt eine Knoblauchzehe dem Äpfelchen beigesellen. Nach 30 Minuten mischt sich der Wecker ein. Wir nehmen den Deckel hoch und drehen den Fleischring um. Deckel wieder drauf, nochmal 30 Minuten. Nun müssen Sie selbstredend nicht etwa die ganze Zeit mit der Bierflasche in der Hand dabeistehen (wobei bei zweimal 30 Minuten ohnehin eine Flasche nicht reichen würde). Gucken Sie ruhig derweil in die Sonntagszeitung oder lesen Sie Siebecks Kochanleitungen im ZEIT*magazin*

12

(„Es ist eine Todsünde, Hummer ohne Olivenöl anzurichten"). Oder Sie machen schon immer mal den Gurkensalat an: halbe Tasse Wasser, halber Teelöffel Zucker, halber Teelöffel Salz, viertel Teelöffel Öl, halbe Zitrone, Prise Pfeffer, feingehackter Dill, feingehackte Petersilie, alles gut durchmischen, Gurke je nach Gusto schälen oder nicht, dann frisch mit ihr an den Hobel, alles gut vermengelieren. Fertig. Schon hebt der Wecker wieder an zu schellen. Wir gucken mal nach. Richtig – der Apfel hat sich in eine Art Strunk verwandelt, und es duftet ungemein. Nun ist es Zeit, ein Achtelliterchen saurer Sahne beizugießen und sodann das Mehl anzurühren. Dazu eignet sich ein Küchenmixbecher oder einfach ein kleines Gemüseglas mit Blechschraubdeckel, das wir für solche Zwecke in Bereitschaft haben. Zwei bis drei gehäufte Teelöffel Mehl hinein, etwa doppelt soviel Wasser dazu, Deckel fest drauf, alles kräftig durchschütteln, fünf Minuten stehen lassen. Ich nehme gewöhnliches Weizenmehl.

Nun kommt das Kunststück: die Soße. Das Fleisch nehmen wir heraus und legen es auf einen heißen Teller. Dann gießen wir den ganzen Sud samt Flüssigkeit, Apfelstrunk, Zwiebelstücken und Speckstreifen durch ein feines Haarsieb in eine Schüssel. Die durchgelaufene Flüssigkeit kommt wieder in den Topf, der im Haarsieb versammelte Klumpatsch wird mit einem Holzlöffel flink durchgerieben, das Durchgeriebene ebenfalls in den Topf; der Rest, der im Sieb bleibt, kann in die Drangtonne. Nun muß alles wieder aufkochen, denn die Sämigkeit der Soße, die wir anstreben, sie entsteht nur, wenn wir das angerührte Mehl unter heftigem Rühren in das kochende „Dünne" laufen lassen. Und endlich kann, voilà!, serviert werden. Versteht sich von selbst, daß wir inzwischen Salzkartoffeln angefertigt haben.

Uff. Ganz schön anstrengend, so ein Sonntagsessen. Hinterher gibt's einen Boonekamp.

Und der Hausvater rezitiert Heinrich Seidels „Ode an das Schwein":

„Längst schon trieb mich der Muse Gebot/
zu singen des Schweines tiefempfundenes Lob ..."

Zutaten:
1 kl. Schweinefilet, Speck, Butter,
Salz, Pfeffer, Knoblauch,
1 Apfel, Mehl, saure Sahne

Montag

Porreesuppe

Nichts leichter als das. Porree hat seinen Namen aus dem Lateinischen. Da heißt er „Allium Porrum". In anderen deutschen Landschaften nennt man ihn Breit-, Preiß-, Breis- oder Brißlauch.

Anekdote: Eine Frau erzählte, sie habe in Münster Porree gesehen, der sei so groß gewesen, daß sie sich recht geschämt habe, eine Stange davon in die Hand zu nehmen. Pfui.

Also, von dieser Sorte drei! Die strammen Burschen werden von der äußeren Hülle befreit; das dicke Ende unten und der Blätteransatz oben werden weggeschnitten, und die ganze Stange wird mit scharfem Küchenmesser längs einmal durchtrennt.

Waschen! Waschen! Bei gutem Porree sitzt immer Sand zwischen den schlauchartigen Blattröhren. Wenn es gelber Lehm ist, können wir davon ausgehen, daß der Porree wirklich im Freilandbeet eines Gemüsebauern gewachsen ist und nicht auf irgend einem Substrat und unter Glas.

Ich habe die Erfahrung gemacht, daß Gemüse, das etwas dreckig aussieht, hier eine Beule und da eine

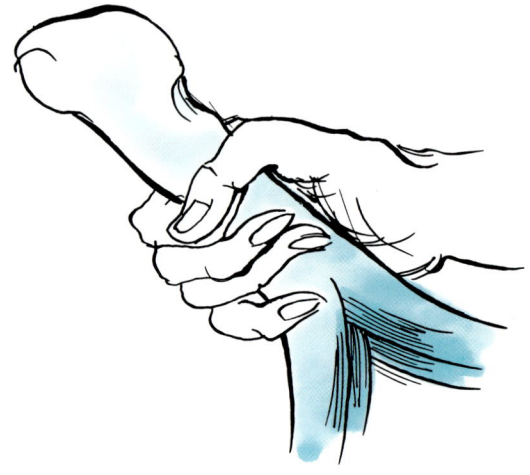

Schramme hat, viel besser schmeckt als diese gestylten Gewächse, die den Eindruck erwecken, ein Designer habe sie entworfen in ihrer Makellosigkeit. Das trifft natürlich auch auf den Porree zu.

Auf unserem geliebten alten dicken Holzbrett zersäbeln wir die Porreestangen in höchstens einen Zentimeter dicke Abschnitte. Die zerfallen unter dem Messer in ihre halbrunden Stückchen; es wird immer mehr auf dem Brett!

Nun machen wir etwas Fett (Butter oder Margarine) im Suppentopf dünn, geben den Porree obendrauf, streuen ein wenig Salz drüber, tun den Deckel auf den Topf und lassen das Gemüse zehn Minuten dünsten. Kleine Flamme, öfter umrühren!

Unterdessen setzen wir Wasser auf (bei zwei Personen einen Liter). Wenn es kocht, ist auch unser Porree schön angedünstet. Der Liter Wasser kommt kochend hinzu. Nun nehme ich eine ganz gewöhnliche Fleischbrühe in fester Form und werfe triumphierend einen Halbliter-Würfel in meinen Topf. Ich nehme „Klare Fleischsuppe" von Knaggi oder von Morr. Die Firmen haben seit mehr als hundert Jahren gelernt, solche Extrakte herzustellen, und sie können das auch vorzüglich. Altmodische Küchenknechte verabscheuen das natürlich und schwören auf selbsthergestellte Brühen, aber – mein Gott! Der Zeitaufwand!

Es köchelt vor sich hin. Ich schäle nun zwei Kartoffeln pro Nase und würfele sie möglichst klein. Sie können die Knollen auch in Stifte oder Rhomben schneiden, in Scheiben oder sonstwelche Kleinformen, Hauptsache: klein. Die Kartoffeln werden kurz abgespült und in die kochende Suppe geworfen. Nun haben Sie gerade noch soviel Zeit, ein Bund Petersilie zu hacken und die Teller hinzustellen.

Nachdem die Suppe mitsamt den Kartoffeln 10 Minuten gekocht hat, nehmen Sie sie vom Feuer oder von der

Platte, streuen die frisch gehackte Petersilie darüber
und füllen auf. Vorsicht, heiß! Klar: Kalt schmeckt's
nicht.
Zusatz: Wer's mag, kann gleich zu Beginn dem dün-
stenden Porree eine kleingeschnittene Zwiebel beifügen.

Zutaten:
3–4 Stangen Porree,
Butter oder Margarine,
Salz, 2 Kartoffeln, Brühe, Petersilie

Dienstag

Kasseler Rippchen

„„... daß sie von dem Sauerkohle/eine Portion sich hole, wofür sie besonders schwärmt, wenn er wieder aufgewärmt", läßt Wilhelm Busch seine berühmte Witwe Bolte in den Keller eilen, wo sie die begehrte Speise aus einem Fasse schöpft.

Wer weiß das noch, daß man dermaleinst auch beim Krämer oder im guten alten Tante-Emma-Laden das Sauerkraut lose einkaufen konnte?

Viele stellten es auch selbst her und nahmen dazu meist ein „irdenes Gefäß von ausreichender Größe", einen tönernen Topf mit Deckel. Er wurde innen mit den großen äußeren Blättern der zu verarbeitenden Kohlköpfe ausgekleidet. Dann wurde der feingehackte Weißkohl eingelegt, mit Salz bestreut und festgestampft. Manche legten noch ein paar kleine unreife Äpfel zwischen die einzelnen Schichten; auch Pimentkörner wurden angeraten oder je nach Landschaft und Gegend gar eine feingeschnittene Quitte. War das Faß voll, bedeckte man den Kohl mit einem Leinentuch, legte ein passendes rundes Holzbrett darauf und beschwerte das ganze mit einem Wackerstein. Dann mußte der Kohl gären. Ganze Stadtviertel rochen nach den gärenden Fässern, weil jede vorausschauende Hausfrau ihren Steintopf im Keller hatte...

Heute kauft man Sauerkohl meist pfundweise abgepackt in Beuteln oder Dosen.

Ich nehme etwas Schweineschmalz und schwitze darin eine kleingeschnittene Zwiebel an. Dann kommt das Sauerkraut hinzu, eine Kelle Wasser, ein halbes Glas trockener Weißwein, ein Lorbeerblatt und ein paar Körner Piment.

Und diese Mischung muß, gegebenenfalls unter gelegentlichem Nachgießen von etwas Wasser, so etwa eine bis zwei Stunden durchschmoren. Der Prozeß erzeugt ungeheuerliche Gerüche, so daß das Offenhalten des Küchenfensters anzuraten ist – die Nachbarn sollen ja auch was haben.

Die Rippchen, die schön durchgeräuchert sein sollen, lassen wir uns vom Schlachter eins kreuz eins quer durchhacken. Sind sie besonders scharf gepökelt, kann man sie erst einmal über Nacht in Wasser entsalzen. Das Wasser wird natürlich weggekippt.

Nun werden sie ohne weitere Vorbereitung mit Butter oder guter Bratmargarine in der Pfanne von beiden Seiten gebraten. Vom Bratfond kann man mit ein wenig Mehl und Tücke eine wohlschmeckende Soße machen.

20

Die etwa spielkartengroßen Rippenstücke brutzeln etwas zusammen; die weißen Knochen lösen sich, wenn alles gut gelungen ist, leicht vom roten Pökelfleisch, und das Sauerkraut dazu ist eine ideale Ergänzung.
Da unser Gericht von Natur aus eher zur Schärfe neigt, ist ein gutes Wasser aus mecklenburgischer Quelle (Güstrower oder Bad Doberaner) ein ausgezeichnetes Zugetränk.

Zutaten:
500 g Pökelrippchen,
Margarine, Sauerkohl, dazu Piment,
Lorbeerblatt, 1/2 Glas Weißwein

Mittwoch

Hähnchenkeulen (oder Putenbrust) mit Chicorée-Salat

Hähnchenkeulen sind für eilige Mahlzeiten wie geschaffen. Für jeden Esser eine – das genügt. Wenn es ganz besonders schnell gehen soll, darf ein frisches Brötchen ausnahmsweise einmal die sonst passenden Bratkartoffeln ersetzen. Ein kleines Bierchen steht kalt. Die Keulen (sie wiegen in der Regel 200 Gramm, auch mal 250) benötigen keine vorbereitenden Behandlungen. Sie werden kurz abgespült, mit Küchenkrepp abgetrocknet, von oben und unten mit etwas Salz bestreut und in die Pfanne getan. In ihr sind ein wenig Margarine und ein paar dünne Streifen Schweinespeck zum Brutzeln gebracht worden. Mittlere Hitze! Mit der Grillzange oder der Bratengabel wenden wir die Keulen während des Bratens drei- bis viermal um. Die Bratzeit beträgt höchstens zehn Minuten, das genügt.

Noch was? Nein. Das ist alles. Es sei denn, Sie wünschen eine Gewürzgurke, eine Rote Beete oder einen kleinen Chicorée-Salat dazu. Ganz einfach: Sie halbieren den Chicorée, zerlegen ihn in feine Streifen, vermi-

22

schen ihn mit einem halben Apfel (Boskop am besten), den sie mit dem Gurkenhobel zerkleinert haben, übergießen das alles mit dem Saft einer frisch ausgepreßten Orange und streuen noch einen Teelöffel Zucker darüber. Putenbrust statt Hähnchenkeulen läßt sich auch auf die gleiche Art und Weise vortrefflich zubereiten.

Zutaten:
2 Hähnchenkeulen (oder Putenbrust),
Margarine, Speck,
1 Chicorée, 1 Apfel, 1 Orange, Zucker

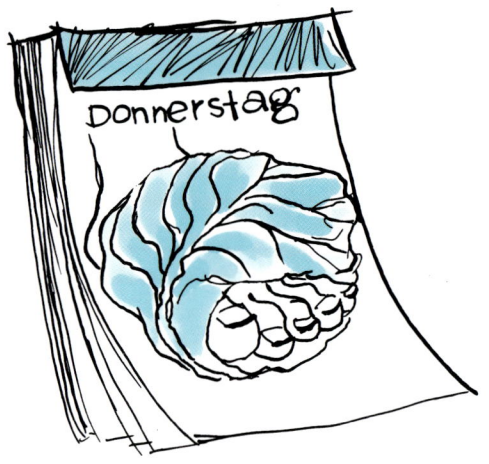

Donnerstag

Kohlrouladen

Wenn ich im Vorwörtlein die Mitteilung gemacht habe, daß der Geruch von Weißkohl mich schaudern läßt, so gestatte ich mir in einem einzigen Fall eine Ausnahme: bei der guten alten deutschen Kohlroulade. Ihre Herstellung ist indes kompliziert, weshalb ich den Krautgeruch ziemlich selten ertragen muß.
Zunächst gilt es, ein einigermaßen glattes und dabei

nicht allzu großes Krauthaupt – es muß in unseren größten Topf hineinpassen – zu erwerben. Die äußeren Blätter können entfernt und Nachbars Kaninchen vorgeworfen werden. Dann wird der Strunk so tief wie möglich ausgehöhlt, und der Kohlkopp kommt in besagten größten Topf des Hauses. Wasser dazu, bis er schwimmt, ein Löffel Salz und aufs Feuer damit! Das dauert eine Weile, bis es kocht!

Dann aber stellen wir gleich auf kleine Hitze um und beobachten unseren Kohl. Sobald das oberste Blatt glasig wird, ziehen wir es mit der Grillzange ab. Und so weiter, bis wir so viele Blätter haben, wie wir benötigen (pro Tischgenosse zwei). Die Blätter legen wir in den Durchschlag und lassen sie abtropfen und kalt werden. Von dem Rest des Kohlkopfes könnte man nun noch Krautsalat machen. Machen Sie ruhig; ich nicht.

Während der Erkaltungsperiode der „Fußlappen", wie mein Vater zu sagen pflegte, der dies Edelgemüse in einem Kriegsgefangenenlager zu „schätzen" gelernt hatte, bereiten wir eine Hackfleischfülle vor, wie wir sie beim Kleinen Hackbraten verwenden werden (siehe Seite 50). Daraus kneten wir etwa handballengroße Klöße in der Form eines Eies und wickeln sie in je zwei übereinandergelegte Kohlblätter, bei denen man, wenn sie einem unten zu dick sind, die Rippen herausschneiden kann. Zwischen die beiden Kohlblätter haben wir fürsorglich ein paar Kümmelkörner gestreut.

Die mit dem Hackfleisch gefüllten Kohlblattrollen kann man mit sogenannten Rouladenklammern zusammenhalten.

Ich nehme laut Anna-Tantens Erfahrung schlicht und ergreifend weißen Zwirn, der drei-, viermal herumgewickelt wird. Man mag mit mir disputieren, was vorteilhafter ist – der Zwirn muß ja nachher vor dem Essen wieder abgewickelt werden, wohingegen die Klammern in den Abwasch kommen.

Haben Sie schon mal Rouladenklammern abgewaschen? Tun Sie's. Sie tun's einmal und nehmen künftig Zwirn.

Die gezwirnten Rollen werden nun in dem Schmortopf, worin schon eine gute Bratmargarine brutzelt, hübsch nebeneinander gelegt und angebraten.

Jetzt entfaltet der Kohl plötzlich ein ganz anderes, viel lieblicheres Aroma, das noch verstärkt durch den Kümmelgeruch durchaus respektierlich in die Nase steigt. Sobald die Kohlrouladen an der Unterseite zu bräunen beginnen, werden sie umgedreht.

Sind sie dann allseits braun, fügen wir ausreichend Brühe hinzu, soviel, daß unsere Wickel hübsch bedeckt sind, und lassen alles ein reichliches Viertelstündchen

vor sich hin köcheln. Alsdann 'raus, Brühe mit angerührtem Weizenmehl zu Soße binden, abschmecken.
Und wer's mag: etwas Knoblauchpulver ...

Zutaten:
1 Weißkohlkopf, 200 g Gehacktes halb & halb,
Brühe, Pfeffer, Salz, Kümmel,
Knoblauchpulver, Margarine

Freitag

Maränen, gebraten

Bitte nicht Mu-, nicht Mo-, sondern Maränen. Es gibt zwei Sorten: Die Große Maräne und die Kleine Maräne. Beide stammen aus klaren Tiefwasserseen Italiens, der Schweiz und Frankreichs und sind erst später in Mecklenburg heimisch geworden. Allerdings auch hier nur in wenigen, sehr klaren und tiefen Seen.

In welchen, das wollen wir eigentlich gar nicht verraten, denn die Maränen gehören zu den bestandsgefährdeten Binnenfischarten, und wenn man ihnen allzusehr nachstellt, werden sie bald aussterben, und das wäre ein Jammer für alle Ichthyogastromanen.

Ist das nicht ein schönes Fremdwort? Ich habe es soeben komponiert. Es bezeichnet jene Menschen, die sich mit schon fast krankhafter Leidenschaft gern Fischgerichte einverleiben. Ich habe diese Krankheit auch und muß sagen, daß ich richtig froh darüber bin. Die Maräne kommt sogar in einem mecklenburgischen Stadtwappen vor, nämlich in dem des Klosterstädtchens Zarrentin am Ufer des Schaalsees im westlichen Landesteil. Das kommt, weil, der Sage nach, eine Ichthyogastromanin aus Frankreich zur Äbtissin des Nonnenklosters zu Zarrentin bestallt worden war. Ihr in der Heimat so vertrautes Maränengericht vermißte sie hier im rauhen Norden so sehr, daß sie sich vor Gram an den Teufel wandte. Sie verschrieb ihm ihre Seele für eine Mahlzeit frisch gebratener Maränen. Bruder Urian gefiel der Pakt; für so ein paar schäbige Fische die fette Seele einer höheren Nonne einzukassieren, das war doch ein gutes Geschäft. Übermorgen um Mitternacht würde er liefern.

Die Ehrwürdige Mutter, zunächst des Jiepers voll, begann schon bald heftig zu bereuen, vertraute sich ihren Mitschwestern und dem Bischof von Ratzeburg an, und alle gemeinsam beschlossen sie, zur vereinbarten Stunde aus tiefster Seele zu beten und alle Glocken läuten zu lassen. So geschah es.

Als nun Beelzebub mit der zappelnden Fracht einschwebte und ihm das in der Seele (hat er eigentlich eine?) verhaßte Glockengeräusch und das Psalmodieren der Nonnen mit dem Bischof an der Spitze in die Ohren kamen, da ließ er den Fischkasten erschrocken fallen und suchte das Weite.

Die Fische fielen in den Schaalsee und leben dort bis auf den heutigen Tag und veredeln das Wappen des Ortes durch ihre doppelte Anwesenheit: oben die Fische, darunter der Krummstab des Bischofs.

29

Womit das Zarrentiner Wappen die von Bertolt Brecht etwas harsch formulierte, aber unwiderlegbare Weisheit dokumentiert: Erst kommt das Fressen, dann kommt die Moral. Oder: Wer satt Maränen kriegt, hat auch gut beten.

Nur – satt Maränen kriegt heute keiner mehr. Die Fische, die es an Wohlgeschmack mit allen ihren Artgenossen aufnehmen können, sind selten geworden.

Sollten Sie im Fischgeschäft Glück haben: greifen Sie sofort zu!

Die Kleine Maräne ähnelt äußerlich dem Hering, und auch die Zubereitung ist, ob nun frisch aus der Pfanne oder in Sauer gelegt, die gleiche. Schlagen Sie Seite 95 nach!

Die Große Maräne wird schon von Mecklenburgs Kochkönigin Frieda Ritzerow als Kochfisch empfohlen. Sie wird dann wie der brave Karpfen (siehe Seite 77!) in einer Gewürzbrühe gesotten.

Auch der Zander, ein verteufelt guter Fisch, dem leider keine so schöne Nonnensage anhängt, mag diese Zubereitungsart.

Zutaten:
6 kleine Maränen,
Butter oder Margarine,
Salz, Zitronensaft

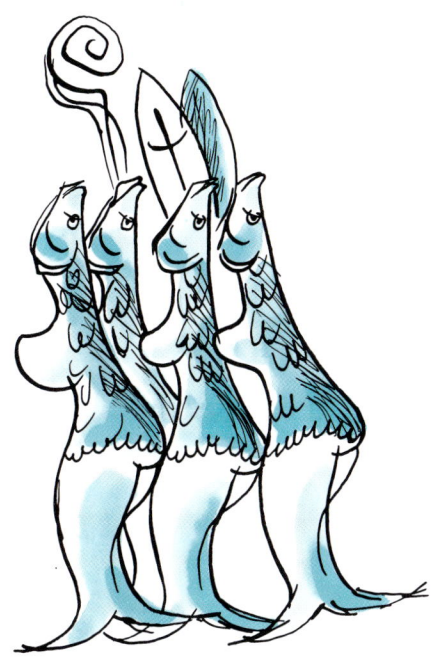

Sonnabend

Spinat und Spiegelei

Ein Essen wie aus Kindertagen. Wer es ganz schnell haben will, der holt sich eine Packung tiefgefrorenen Spinats. Dagegen ist nichts einzuwenden, denn die meisten Marken sind durchaus gut – man sollte nur die Packungsbeschriftung lesen und nachschauen, ob die herrliche grüne Pampe schon gewürzt ist oder nicht. Ungewürzter Spinat schmeckt nämlich so ekelhaft, daß uns die Angewohnheit von Kleinkindern, ihnen eingeflößten Spinat prustend über das Habit des fütternden Elternteils zu verbreiten, verständlich wird.

„Ich verstehe nicht, warum dieses dreimal vermaledeite Gör diesen dreimal vermaledeiten Spinat immer wieder ausspeit! Schmeckt doch so guut! Und ist doch so gesund!"

Gewiß, der letzte Satz ist wohl richtig. Aber sonst – es fehlen Salz, Pfeffer, Zwiebeln und Sardellen(paste).

Ich nehme, wenn ich Zeit habe, Blattspinat. Der wird in einem großen Topf mit kochendem Wasser abgewellt. Dabei entfaltet er erst seine richtige Farbe, aus den unscheinbaren hellgrünen Blättern wird jenes barbarisch schöne Giftgrün, das einfach dazugehört, schon wegen des Farbkontrastes zum Gelb der Spiegeleier. Beim Abwellen zu beachten: nur kurz! Das Blattgemüse fällt in sich zusammen und verringert sein Volumen um drei Viertel.

Diese Blattmasse wird nun durch den Wolf gedreht. Dabei geht noch einmal Volumen verloren. Das Durchgedrehte schütte ich ins Haarsieb und lasse es abtriefen. Inzwischen werden feingehackte Zwiebeln in der Kasserolle angeschwitzt (in Küchenmargarine).

Dann, wenn sie glasig sind, wird der Spinat hinzugetan. Kleine Flamme!

Nun pfeffern, möglichst mit sehr fein gemahlenem weißen Pfeffer, etwas salzen, ein paar Körnchen Zucker und zum Schluß ein zwei oder drei Zentimeter langes Endchen Sardellenpaste hinzu, umrühren, einmal blubbern lassen, fertig.

Man kann, wenn man es etwas sämiger mag, die angeschwitzten Zwiebeln mit kalter Milch ablöschen und, bevor man den Spinat hinzutut, einen Löffel Semmelmehl unterrühren. Dann wird das Ganze etwas dicker. Ich mag es lieber dünn.

Wie man Eier brät, muß ich hier nicht erklären, das kann ein jeder Junggeselle, Hausmann oder Student im Schlaf.

Ob Sie nun ein, zwei oder drei Eier in ihrer gelbweißen

Pracht oben auf die grüne Wiese schichten, müssen Sie mit Blick auf Ihren Cholesterinspiegel und auf die Anforderungen, die das Liebesleben an Sie stellt, selbst entscheiden.

Mehlige Kartoffeln jedenfalls müssen sein.

Zutaten:
1 Päckchen Feinfrost-Spinat (400 g),
Salz, Pfeffer, Sardellenpaste,
Margarine, Eier

Die zweite Woche

Die Strafe der Gier

Ein Marlower kam nach Ribnitz, setzte sich in den Ratskeller, zeigte auf den Kanarienvogel des Wirts und fragte nach dem Preis. „Fünf Taler!" sagte der Wirt. „Schön", antwortete der Gast. „Braten Sie ihn bitte!" Der Wirt überschlug die Sache, fand fünf Taler einen guten Gewinn, drehte dem Piepmatz den Hals um, brühte und rupfte ihn, nahm ihn aus, warf ihn in die Pfanne und servierte. „Fein" rief der Gast. „Sniden S' mi för fief Penning von af!"

Sonntag

Gefüllte Koteletts

Auf den Schwingen unserer Phantasie sollen wir durch die Küche gleiten. Wir sollen unseren Lieben und unseren Gästen (manchmal ist das ja dasselbe) mit dem ernstesten Gesicht Dinge vorsetzen, die ihnen das Gefühl von Originalität vorgaukeln. Wenn wir behaupten, es gäbe heute eine karibisch-provençalische Hühnernudelsuppe à la Graf Bernadotte, dann werden sie das glauben, wenn die Suppe schmeckt.

So ist das auch mit dem Gefüllten Kotelett – es läßt Variationen zu, und wir wissen ja: variatio delectat.

Zunächst benötigen wir für jeden Esser ein Kotelett vom guten deutschen Hausschwein. Wir lassen es uns beim Schlachter schön dick schneiden und vom Knochen lösen. Die Knochen mitsamt anhängenden Fleischresten können wir am morgigen Montag an die Bohnensuppe tun (siehe Seite 39).

Die Koteletts schneiden wir mit unserem schärfsten Messer flach und möglichst tief ein, so daß wir sie aufklappen können wie ein Buch.

Diesem Buch geben wir etliche kräftige Hiebe mit dem Fleischhammer. Dann würzen wir das Fleisch mit Salz

36

und Pfeffer und, wenn wir mögen, mit etwas Knoblauchsalz.

Und jetzt kommen die Füllungen. Ich biete einige Varianten; alle schmecken vorzüglich.

Schafskäse: frischer weißer Schafskäse aus Italien, Griechenland oder Bulgarien wird zerbröckelt und in die Kotelett-Tasche getan. *Champignons:* sie sollten vor dem Einfüllen vorgegart sein, man kann sie auch aus der Dose nehmen (kleingeschnitten!). *Spargelstücke:* siehe Champignons. Köpfe sind am besten! *Kräuter:* Petersilie, Sellerielaub, Dill, Weinblätter zu einem feinen Gemisch zerhacken und hinein damit! *Schinken, geröstet:* er sollte in ganz feine Würfelchen geschnitten und in etwas heißer Butter angeröstet werden. Fett vor dem Einfüllen abtropfen lassen!

Der Phantasie sind keine Grenzen gesetzt. Man kann die Koteletts auch mit *Früchten* füllen, zum Beispiel mit Pfirsichen, Mandarinen oder Walnüssen. Die Idee, Früchte aus dem Rumtopf zu verwenden, kam mir auch schon. Ich habe sie noch nicht ausprobiert, kann mir aber vorstellen, daß das einen pikanten Geschmack gibt.

Die gefüllten Schweinebüchlein werden nun zugeklappt und mit einer Rouladennadel verschlossen. Nun geht es ans Braten. Am besten ist es wohl, die Fleischtaschen in

gutem Öl schwimmend auszubacken. Man kann aber auch panieren. Wichtig ist, daß das Fleisch wirklich mürbe geklopft worden ist, denn die beste Füllung kommt nicht zur Geltung, wenn die Hülle zäh ist und den Geschmack der „Innerei" nicht annimmt. Als Beilage sollten ausnahmsweise Pommes frites dienen oder ganz kleine zarte Pellkartöffelchen.

Zutaten:
2 Koteletts, Butter oder Margarine,
Salz, Pfeffer, Knoblauchpulver.
Für die Füllung Schafskäse oder Champignons
oder Spargelstücke oder gemischte Kräuter
oder Schinkenwürfel oder ...

Montag

Grüne-Bohnen-Eintopf

Grüne-Bohnen-Eintopf ist ein Gericht, das man in einer Viertelstunde (na gut: 20 Minuten) auf dem Tisch haben kann, wenn man die Bohnen aus der Dose nimmt. Sollen es denn partout gartenfrische sein, die natürlich besser schmecken, braucht es etwas mehr Geduld.

Die frischen grünen Bohnen werden zunächst geputzt. Spitze und Stiel werden abgeschnitten, der Faden gezogen. Ganz recht – einige Bohnensorten haben einen zähen Längsfaden, der die Bohne vom Stiel bis zur Spitze wie ein Reißverschluß durchzieht.

Dann schnippeln wir die grünen Dinger in streichholzlange Stückchen. Zusammen mit einer kleinen Möhre und einer halben Zwiebel, beide in Würfel geschnitten, und mit einem Stück Suppenfleisch oder, was die Sache vereinfacht und übrigens sehr gut schmeckt, mit einem zerdrückten Stück Corned beef und einem halben Liter Wasser werden die Bohnen auf die Flamme gegeben. Die Bohnen müssen etwa 30 Minuten kochen.

Dann können wir zwei oder drei mittlere, in ganz kleine Würfel zerteilte Kartoffeln hinzugeben und den braven Küchenwecker noch einmal auf 15 Minuten einstellen.

Zum Schluß frische Petersilie hinzu – fertig ist die Bohnensuppe.

Wer mag, legt einen Stengel Bohnenkraut hinein, Satureja hortensis aus Omas Garten. Das gibt der Suppe einen deftigen Geschmack, ist aber eben nicht jedermanns Sache.

Soll es ganz schnell gehen: Erst die Kartoffelstückchen mit dem zerdrückten Corned beef aufsetzen, ein Viertelstündchen kochen lassen, dann eine Dose Brechbohnen dazu, noch einmal aufkochen, die Petersilie darüber und essen. Vorsicht! Heiß!

Wie beim Linseneintopf nehme ich mir einen Spritzer Essig in den Teller.

Die berühmte Mary Hahn, deren nahezu irrsinniges Kochbuch in über 40 Auflagen erschien und das in seiner 38. Auflage 2854 Rezepte (!) enthielt, hat die Eintopfgerichte etwas stiefmütterlich behandelt. 100 verschiedene verzeichnet sie ganz am Ende ihres dicken Wälzers, noch hinter den Backwaren und den warmen Getränken. Auch an Systematik läßt sie es fehlen. Während sonst alles penibel nach Sparten geordnet ist, geht es bei den Eintöpfen sozusagen querbeet. So muß man zwischen Kohlrabi (den ich nur in rohem Zustand esse), Pichelsteiner Topf und Graupen (igittigitt; wir nannten sie als Kinder ihres Aussehens wegen „Kälberzähne") ein Weilchen herumsuchen, bis man tatsächlich ein einziges Eintopfgericht mit grünen Bohnen findet. Allerdings läßt Mary Hahn die Bohnen nicht allein, sondern verlangt die Beimischung gelber Rüben. Woran man sehen kann, daß auch die berühmten Kochbuchverfasserinnen ihre Abgründe haben. Grüne Bohnen mit gelben Rüben! Das schmeckt ganz sicher, wie mein seliger Onkel Gustav sagen würde, „wie Knüppel uff'n Kopp". Mahlzeit.

Zutaten:
500 g grüne Bohnen (oder 1 große Dose),
2–3 mittlere Kartoffeln, 1 Zwiebel,
Brühe, Petersilie, Bohnenkraut,
150 g Corned beef (oder Suppenfleisch)

Dienstag

Gardestern

Die Briten nennen das „Ham and eggs", Schinken mit Ei. Die Bezeichnung „Gardestern" ist ein Erbstück meines erzmecklenburgischen Schwiegervaters, der dieses Schnellgericht mit größtem Vergnügen verspeiste, wenn sein Handwerksberuf ihn zu kurzen Pausen zwang oder ihn unzeitiger Hunger überfiel, was nicht selten vorkam.

Die Zubereitung dauert nur wenige Minuten. In zerlassener Butter werden Schinkenstreifen beliebiger Größe sternförmig in der Pfanne angeordnet. In der Mitte bleibt ein freien Platz, in den hinein man ein Ei (oder mehrere) schlägt. Das Gelbe muß schön beisammen bleiben, das Weiße verläuft sich zwischen den Schinkenstrahlen und hält sie zusammen. Das sieht wirklich gut aus! Geschickte Küchenkünstler können auf diese Weise den großen Bruststern Napoleons nachbilden oder den des Alten Fritzen. Das strahlende Gelb des Eidotters, umgeben vom rötlichen, weiß unterlegten Brutzelschinken – ein durchaus appetitlicher Anblick! Graubrot schmeckt dazu als Unterlage am besten, aber mancher mag auch Toast.

Der „Gardestern" für meinen Schwiegerpapa mußte auf seine Anordnung hin stets von drei Eiern gemacht werden, so daß das Gericht auf dem Teller prunkte wie der Große Papageienorden von Pernambuco. Zu seiner Zeit war der Cholesterinspiegel noch nicht erfunden.

Zutaten:
100 g Schinken, Butter oder Margarine,
Eier nach Belieben

Mittwoch

Schweinekoteletts (oder Schweineschnitzel) mit Spargel

Schweinekoteletts sind eine angenehme Speise, wenn sie nur recht verprügelt worden sind. Man lasse sie nicht zu dick schneiden!

Auf einem dicken Holzbrett gebe man ihnen mit dem Holzhammer ordentlich Saures, das Fleisch muß „moer" sein, wie die Hiesigen das nennen.

Wer will, kann die Koteletts vom Knochen lösen und denselben bei Gelegenheit an die Bohnensuppe tun (siehe Seite 39!). Zum Klopfen sollte man auf keinen Fall einen Metallhammer nehmen. Ihm fehlt die innere Elastizität eines hölzernen Schlägels, der das Gefühl für den mürben Zustand des Fleisches viel besser an die Hand vermittelt.

Ich reibe die Koteletts nach dem Klopfen beidseitig mit Pfeffer und Salz ein, wobei das Maß des Würzens natürlich Geschmacksache ist. Lieber weniger als mehr, lautet meine Devise.

Die Koteletts werden nun in einem verquirlten Ei, am besten auf einem tiefen Suppenteller, umgedreht und dann von beiden Seiten mit Semmelbröseln paniert. Ich brate sie gern in Butter und verwende dann das Bratfett später anstatt einer Soße. Beim Braten nicht weglaufen! Die Koteletts müssen ein paarmal gewendet werden; wenn man sie ohne Knochen brät, etwas weniger und mit Knochen etwas mehr. Je besser (und dünner) Sie die Burschen geklopft haben, um so schneller sind sie durchgebraten.

Als Gemüse eignet sich eigentlich alles: Brechbohnen, Erbsen & Möhren, gelbe Bohnen, Mais, Rosenkohl (Vorsicht, Gallenfeind!), und natürlich Spargel, SPARGEL! Bevor wir zum Spargel ein paar Wörter machen, noch ein paar Hinweise: Schweineschnitzel werden auf die gleiche Weise bereitet. Nur bei ihnen gilt das Gesetz des Hammers noch härter, denn sie sind nicht immer so ausschließlich quer zur Faser zugeschnitten wie ein Kotelett. Also hauen Sie zu, was das Zeug hält! Man ahnt nicht, wieviel Frust man sich beim Klopfen des Fleisches aus dem Leibe hauen kann.

Auch sogenannte „Kasseler Koteletts", also vom gepökelten Kotelett-Strang, werden nach dem Prinzip Klopfen-Salzen-Pfeffern-Beeiern-Bebröseln-Braten hergestellt und benötigen im Gegensatz zu frischem Fleisch weniger Prügel, da sie durch das Pökeln schon „vorgar" geworden sind.

Beilage: Salzkartoffeln, Bratkartoffeln oder nix, wenn die Spargelzeit angebrochen ist.

Ich gebe zu, daß ich Büchsenspargel verabscheue. Ich bin in einer Spargelgegend geboren, und meine Oma und die schon im Vorwort zitierte Tante Anna mit ihren goldenen Küchenpfoten gingen zur Zeit der Spargelernte regelmäßig „stechen".

Mit riesigen Schutenhüten gegen die heiße Mai- und Junisonne und langen schwarzen Warpröcken gegen den fliegenden Sand der märkischen Spargelfelder angetan, bewaffnet mit Holzmulde, Stecheisen und „Glätte", einer Art „Bügeleisen" mit Holzgriff, bewegten sich Heerscharen von Frauen durch die endlosen und hochgepflügten Reihen der Spargelbeete. Eine Mordsarbeit! Sie standen in guten Spargeljahren sechs Wochen lang von morgens um vier bis mittags um zwölf krumm im Acker. Und wenn der Spargel „schoß" nach einer Gewitternacht, dann wurde nachmittags noch einmal nachgestochen. Das ging übers Kreuz.

Zu späteren DDR-Zeiten war der Spargel aus der Prignitz ein Koko-Objekt und Devisenbringer, denn wenn die Hamburger Spargelbarone die weißen Stangen für die Hälfte und auf kurzem Wege aus dem Osten kriegen konnten, warum wohl sollten sie für teures Geld in Frankreich einkaufen?

46

Als DDR-Bürger mußte man also auch im Hinblick auf den Spargel Beziehungen haben. Ich gebe zu: Ich hatte sie. Ich erinnere mich an eine „Woche des Buches", die ja in den Mai fiel, und an ein Spargelessen, das ich mit Hilfe eines befreundeten Küchenmeisters im „Hotel am Rathaus" in P. für eine aus Berlin eingefallene Bande von Schriftstellern veranstaltete, die das Wort „Spargel" nur aus der Literatur kannten. Als Frau M., die Serviererin, die Platte hereintrug, von der die daumendicken Stangen links und rechts über den Rand hingen, da fielen denen buchstäblich die Augen aus dem Kopf. Genug der Histörchen.

Spargel schält man möglichst dünn von oben nach unten. Man setzt mit einem kurzen scharfen Messer unter dem Spargelkopf an und zieht das Messer dann so nach unten, daß die dünne Schale zwischen Messer und Daumen abgleitet. Üben! Das unterste, meist ein wenig holzige Ende der Stange ist natürlich vorher abgeschnitten worden.

Bitte Schalen und abgeschnittene Enden nicht wegwerfen. Wir machen noch Verwendungsvorschläge.

Man rechnet zu einem richtigen Spargelessen auf jede Person 500 Gramm frischen Spargel. Die geschälten Stangen, möglichst auf eine gleiche Länge geschnitten, werden in kochendes Wasser getan, dem man einen

Teelöffel Zucker und einen Teelöffel Salz beigefügt hat.
Die Kochzeit (nach erstem Aufwallen kann die Flamme
kleingestellt werden) beträgt je nach Geschmack 40 bis
70 Minuten. Nach 40 Minuten hat er noch „Biß", nach
70 ist er butterweich.

Mit der Schaumkelle heben wir die Stangen heraus und
geben sie auf einer vorgewärmten Platte zu Tisch. Es
gibt da so allerhand raffinierte „Spargelassietten" mit
Locheinsätzen. Naja. Gut allerdings ist wirklich eine
abdeckbare Platte.

Zum Spargel esse ich seit meiner Kindheit in Butter
gebräunte Semmelbrösel. Kartoffeln lasse ich meist
weg. In der Spargelzeit zwei-, dreimal Spargel satt, das
reicht für ein Jahr. Was braucht es da Kartoffeln.

Noch ein Wort zu der Spargelbrühe und den Schalen
und Abschnitten. Dieses Wort richtet sich an Leser, die
es hin und wieder mit den Nieren haben. Es gibt nämlich für die Beschwerlichkeiten mit der menschlichen
Wasserleitung nichts Besseres als Spargelbrühe. Bier ist
ja auch nicht schlecht, aber Spargelbrühe ist kalorien-
frei und tut die gleichen guten Dienste.

Schalen und Abschnitte gut auskochen (etwa 60 Minuten) und wegwerfen. Das Wasser, ob warm oder kalt,
läßt sich bestens trinken. Es wirkt auf geheimnisvolle
Weise Wunder, wie gesagt.

Dieses Kapitel ist, nur des Spargels wegen, über Gebühr lang geworden. Stellen Sie also das Rezept auf den Sonntag um, wenn die Spargelzeit angebrochen ist. Am 24. Juni, zu „Johanni", ist sie um. Das ist ein ehernes Gesetz. Dann kommt keine Stange mehr aus dem Sand.

Zutaten:
2 Koteletts (oder Schnitzel),
Pfeffer, Salz, Semmelbrösel, 1 Ei,
1 kg Spargel, Butter, Zucker

Donnerstag

Kleiner Hackbraten;
auch Bratklops
oder Falscher Hase genannt

Aus Hackfleisch kann man allerhand schöne Sachen machen. Nur frisch muß es sein, und Reste sollte man nicht aufwärmen, sondern lieber am Abend kalt verzehren, was gerade unseren Kleinen Hackbraten so angenehm macht. Auch Bouletten (siehe Seite 92) sind abends willkommen, wenn sie mittags nicht aufgegessen wurden.

Das Hackfleisch „halb und halb" wird mit einer klein-gehackten Zwiebel, einem Eigelb, einer eingeweichten und gut ausgedrückten Weißbrotscheibe, einer kräftigen Prise Muskatpulver, einem Messerspitzchen Pfeffer und einem halben Teelöffel Salz (alles berechnet auf 300 Gramm Hack) zu einem festen Teig geknetet. Mit bemehlten Händen forme man daraus einen flach-runden Kloß, der durch die drehend-schleudernde Bewegung des Knetens seine Festigkeit gewinnt.

„Gediente" Hausmänner werden sich der Forderung ihres „Hauptfelds" erinnern, den Schaft der Waffe

„drehend-saugend" zu umfassen. Wenn das auch zu sonst nichts taugte – hier gewinnt es Sinn. Ein rechter Bratklops wird drehend-saugend-schleudernd geformt. Verstanden? Jawoll!

Nun bemehlen wir das Gebilde rundum, am besten in der Schüssel, worin wir zuvor das Grundgemisch erzeugten. Dann machen wir Margarine im Schmortopf heiß und lassen den Klops vorsichtig hineingleiten.

51

Etwa 20 Minuten muß der „Falsche Hase", ständig gewendet, seine Bräunung im heißen Fett erlangen. Ist er größer, können es auch 30 Minuten sein, weglaufen jedenfalls ist nicht drin, auch wenn das Telefon klingelt. Immer schön umdrehen! Die dicke Linse gewinnt an Farbe, das Bratfett auch. Sie gießen ein wenig Brühe hinzu (vgl. S. 17), nehmen den Klops aus dem Topf und binden die Flüssigkeit mit etwas angerührtem Mehl ab. Wer mag, kann auch noch ein Würfelchen Bratensaft beifügen.

Den noch heißen Bratklops servieren wir mit Erbsen und Möhren zu mehligen Kartoffeln. Und was übrigbleibt, essen wir, wie gesagt, am Abend. Mit Mostrich, versteht sich.

Zutaten:
300 g Hackfleisch halb & halb,
1 Scheibe Weißbrot oder 1 trockenes Brötchen,
1 Zwiebel, 1 Eigelb, Pfeffer, Salz, Muskatpulver,
Mehl, Margarine, Bratensaft

Freitag

Fisch in Folie

Was wir heute mit Grillfolie machen, bewerkstelligten unsere Altvorderen mit Brotteig.

John Brinckman beschreibt in seinem wunderbaren „Kasper-Ohm" zum Beispiel den guten „Plusterschinken", der in Brotteig gegart worden ist.

Nun, das sind die Eßsitten von vorgestern.

Wir Modernisten nehmen die Folie aus Aluminium, die man nach dem Essen wegwirft (während man den Brotteig mitessen mußte).

Pro Person wird ein Fischfilet (jeder nur denkbaren Art!) in Folie verpackt. Das geht so. Man/frau nehme ein quadratisches Stück Folie, bepinsele es in der Mitte mit zerlassener Butter, lege den Fisch (bei gefrorenem ist vorheriges Antauen ratsam) darauf, bestreue ihn je nach Laune mit Kräutern, Gewürzen, Salz, Pfeffer, Knoblauch, Basilikum, wie man es halt mag, oder belege ihn mit dünnen Pfirsich- oder Apfelscheiben, mit Mandarinenstückchen oder Birnenspalten, würze ihn mit Zitronensaft, Worcestersoße, Sojasoße oder Ketchup, wie gesagt: der Phantasie sind keine Grenzen gesetzt.

Nach erfolgter Dekoration und Bewürzung beträufeln wir den Fisch noch einmal mit zerlassener Butter und wickeln ihn nun fest in die Folie. Zunächst die Längsseiten hochschlagen, oben zusammenfalten und bis auf den Fisch herunterwickeln. Dann die Enden links und rechts ebenfalls fest bis an den Fisch heran einfalten und alles gut andrücken. Nachher beim Garen soll die Hülle jedenfalls dicht sein.

Den Backofen haben wir vorgeheizt. Wir legen die Fisch-in-Folie-Päckchen auf das Kuchenblech und schieben sie in die Mittelschiene. Hier müssen sie bei mittlerer Hitze je nach Fischsorte 15 bis 30 Minuten verweilen.

Seefische, besonders Butt-Arten (Heil-, Stein-, Goldbutt) garen schnell und behalten bei kurzer Garzeit auch den typischen Seefisch-Geschmack, während die meisten Binnenfische (Hecht, Zander, Große Maräne) länger brauchen.

Tip: „Trockene" Fische wie Hecht oder Zander benötigen etwas mehr Butter; bei Buttfischen aus dem Meer genügt eine hauchdünne Pinselschicht auf der Folie.

Ein Stengel frischen Dills gibt, auch wenn die süßen, also die mit Früchten garnierten Varianten gewählt worden sind, dem Gericht einen aparten Touch, wenn Sie, lieber Leser, mir ausnahmsweise diesen stilistischen

Ausrutscher einmal mit Gunst gestatten wollen.

Die Folienpäckchen kann man mit einem scharfen kleinen Küchenmesser und „spitzen Fingern" leicht öffnen.

Das Aluminium gibt die im Herd empfangene Hitze schnell wieder ab, so leicht verbrennt man sich nicht.

Als Beilage eignet sich Kartoffelpüree, das entweder nach der Methode „unsere Oma stampft noch" hergestellt worden ist oder als Fertigprodukt in sehr guten Qualitäten angeboten wird.

Wir machen uns meist einen Salat dazu, Grüner Salat oder Chicorée passen immer.

Zutaten:
2 Portionen Fischfilet (frisch),
Butter, Zitronensaft, Gewürze
und Obst nach Belieben, Aluminiumfolie

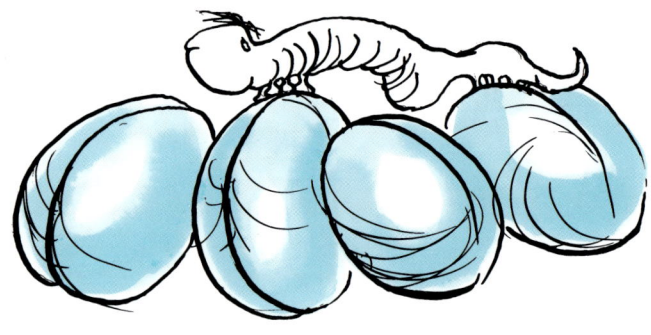

Sonnabend

Pflaumensuppe mit Vanillepudding

Pflaumen sind eine ganz vorzügliche Frucht! Was kann man nicht alles mit ihnen anfangen! Man kann sie essen, wie sie sind, am besten frisch vom Baum, man kann sie zu Pflaumenmus verarbeiten, man kann sie trocknen und im Winter in den Entenbraten stopfen, wie es insbesondere die Mecklenburger lieben. Und man kann natürlich Pflaumensuppe kochen, was besonders an spätsommerlich-frühherbstlichen Tagen ein köstliches und erfrischendes Gericht ist.

Ich entsteine die Pflaumen. Sie werden mit scharfem Küchenmesser längs der Fruchtfurche halbiert. Wenn die Pflaumen sehr reif sind, fällt der Stein einem dabei schon entgegen.

Scharfer Kontrollblick: haust manchmal ein Mädchen zwischen Stein und Fruchtfleisch? Das kann bei der Blauen Hauspflaume schon mal vorkommen – Prunus domesticus schmeckt eben auch der Made des Pflaumenspanners, eines unscheinbaren kleinen Schmetterlings. Der will doch auch leben...

Die durchgeschnittenen und nun steinlosen Früchte kommen in einen flachen Topf und werden zunächst mit Zucker bestreut.

Meine Faustregel verlangt jeweils einen gehäuften Eßlöffel auf 100 Gramm Obst.

Haben die Pflaumen unter des Zuckers wohltuendem Einfluß etwas Saft gezogen, gieße ich Wasser hinzu, aber nur soviel, daß die Früchte nicht ganz bedeckt sind. Nun aufs Feuer!

Bei kleiner Flamme schmurgeln unsere Prünellen vor sich hin und verwandeln sich in ein köstlich duftendes Gericht.

Gar ist unsere Suppe, wenn sich die Haut der Pflaumen vom gelbrötlichen Fruchtkörper zu lösen beginnt.

Ganz besonders empfindsame Gemüter fischen diese Schlauben mit der Zuckerzange heraus und werfen sie weg. Das ist allerdings ein Frevel, denn gerade die derben Fruchthäute bilden den interessanten Gegensatz zu dem Fruchtfleisch, das einem buchstäblich auf der Zunge zergeht.

Ich dicke die Suppe mit ganz wenig Puddingpulver etwas an, denn plürrig darf sie nicht sein.

Gegessen wird unsere Pflaumensuppe natürlich erst, wenn sie vollständig abgekühlt ist. Wir füllen sie uns dann über einen schönen, nicht zu steifen Vanillepudding. Wie man den herstellt, entnehmen Sie gefälligst der Beschreibung auf der Tüte.

Man kann selbstverständlich statt des Puddings auch Hefeklöße dazu essen, aber die mag ich nicht und kann sie deshalb auch nicht machen und überlasse Sie nun mit der Pflaumensuppe Ihrem hoffentlich günstigen Schicksal.

Noch ein Apropos: Die Tschechen und die Ungarn verwenden die Pflaume zu noch ganz anderen Großtaten – sie brennen daraus Schnaps.

Er heißt in Prag Slivovice und Budapest Pálinka, ist nur gut, wenn er mehr als 50 % hat und mit kalter blauer Flamme brennt, sofern man ihn anzündet. In der Regel ist Slivovice lieblicher, Szilvapálinka schärfer.

Beide sind ganz rein ausgebrannt, enthalten also keine Fuselöle und keinen Kunstsprit und bekommen dem Magen ebenso vorzüglich wie dem Geist des Genießers, vorausgesetzt, er kennt die Wirkung und seine (eigenen) Grenzen.

Jaroslav Hašek, der Vater des braven Soldaten Schwejk, hat gesagt: „Slivovice ist kein Schnaps. Slivovice ist eine Philosophie."

Na bitte. Es lebe die Pflaume!

Zutaten:
1 kg blaue Pflaumen,
Zucker, Wasser, Milch,
Puddingpulver

Die dritte Woche

Drei Gründe

Ein Landpfarrer hatte die Pfarrköchin geheiratet. Sein Amtsbruder von der Nachbargemeinde fragte ihn kopfschüttelnd nach den Gründen – die Frau sei häßlich wie die Nacht und außerdem zehn Jahre älter als er.
Natürlich habe er Gründe, antwortete der Pfarrer mürrisch. Zum ersten: damit das Gerede aufhöre. Zum zweiten: sie könne kochen. Zum dritten: nun brauche er ihr schließlich keinen Lohn mehr zu zahlen.

Sonntag

Rinderrouladen

Ein königliches Sonntagsessen! Macht aber Arbeit, meine lieben Freunde, viel Arbeit.

Ich habe das Rouladenmachen von meiner Mutter gelernt und im Verlauf meiner fast dreißigjährigen Praxis selbst noch einige Feinheiten hinzugefügt.

Mutter erzählte, als wir neulich von Rouladen sprachen, daß sie von ihrer Mutter gelegentlich zum Einkaufen in den Laden des Schlachters geschickt wurde. „Vier Scheiben Rouladen, aber altschlachten bitte!" sollte sie dem Meister sagen. Sie fand das Wort „altschlachten" doof, ließ es also weg und ertrug lieber die mütterliche Schelte, wenn das eingeholte Fleisch zu frisch war.

Ja, wirklich: „altschlachten" muß Rouladenfleisch sein, es muß abgehangen und schon von Natur aus mürbe sein. Die Riesenscheiben, wie sie manchmal angeboten werden, kann man ohne Schaden teilen, dann werden die Rouladen kleiner.

Zunächst muß wie bei den Schnitzeln und Koteletts (siehe Seite 44) der Holzhammer her. Die dunkelroten, besser noch rotbraunen Scheiben werden beim Klopfen noch einmal größer. Schön dünn sollen sie sein.

Nach dem Klopfen reibe ich sie auf der Innenseite mit etwas Salz, Pfeffer und süßem Paprikapulver ein. Dann bestreiche ich sie zur Hälfte dünn mit scharfem Senf.

In jede Roulade gehören sodann zwei schmale Streifen Speck, ein paar Zwiebelspalten und, das ist Geschmacksache, zwei Streifchen Gewürzgurke. Diese Zutaten werden nun mit der dünngeklopften Fleischscheibe zu einer Rolle (frz.: roulade) zusammengewickelt und mit einer Rouladennadel oder -klammer befestigt. Die Fleischwickel drehe ich nur einmal kurz in Mehl um. Dann brate ich sie im großen Schmortopf in Fett an (gute Margarine).

Wenn sie rundum bräunlich aussehen, gebe ich noch eine schöne große dicke, aber natürlich kleingeschnittene Zwiebel hinzu – es können ruhig auch zweie sein. Wenn dies geschehen ist und die Zwiebeln sich glasig machen, fülle ich bis zur Oberkante der Fleischrollen mit heißer Brühe auf, gebe einen gehäuften Löffel Paprikapulver hinzu (süß!), drei bis vier Kümmelkörner, eine Prise Knoblauch und einen Blubb Tomatenketchup.

Nun kann alles 100 Minuten schmoren und brodeln und blubbern auf mittlerer Flamme.

Gelegentliches Nachsehen ist ratsam, weil Flüssigkeit verdampft, die dann durch etwas Brühe ersetzt wird.

Wenn meine Rouladen gar sind, kommt die Soße, jenes Kunstwerk der deutschen Küche, das stets zu wenig gewürdigt worden ist.

Ich nehme die Rouladen heraus, gebe eine Handvoll zuvor eingeweichter Trockenpilze (selbstgesammelte und getrocknete Maronen oder Steinpilze) hinzu und ein Becherchen saurer Sahne (kalorienbewußter wäre die Verwendung von Magerjoghurt). Alles muß gut aufkochen, bis dann mit etwas angerührtem Mehl die erwünschte Soßensämigkeit erzielt wird.

Wir essen eigentlich nie Gemüse zu Rouladen, höchstens einen Gurkensalat, und natürlich mehlig kochende Salzkartoffeln. Und ein paar Spreewälder Salzgurken.

Zutaten:
2 Scheiben Rouladenfleisch,
Senf, Pfeffer, Salz, Paprikapulver (süß),
Zwiebel, Speck, Gewürz- oder Salzgurke,
Mehl, Butter oder Margarine,
Ketchup, saure Sahne, Kümmel,
Knoblauch, Trockenpilze

63

Montag

Linseneintopf

Nun wird's biblisch und antik. Ein Linsengericht. Büchmann, der die „Geflügelten Worte" der Deutschen gesammelt hat, verweist auf das 1. Buch Mose 25, 34 und auf Esau, der hungrig vom Felde kommt und sein Erstgeburtsrecht für ein Linsengericht an Jakob verkauft.

Linsen sind also ein uraltes Nahrungsmittel; auch im Buch Samuel werden sie mehrfach erwähnt. Man hat sie, mit Mehl vermischt, zu Brot verbacken, man hat sie, mit Honig gewürzt, als Brei gegessen, geröstet und gemahlen.

Wir wollen Suppe davon kochen. Es gibt verschiedene Sorten, hellere und dunklere, rötlichere und bräunlichere. Sie schmecken alle gleich; die Farbe ist ein ästhetisches Problem. Allen gemeinsam ist, daß sie ungemein billig sind. Also wählen Sie nach Gusto: Wollen Sie die Linsen hell, dann kaufen Sie helle, wollen Sie sie dunkel, so nehmen Sie eben dunkle.

Am Abend vor der geplanten Verspeisung schütten Sie für jeden Esser eine gehäufte Kaffeetasse voll der klappernden Linsen in einen Topf – um Abwasch zu sparen, gleich in den, den Sie benutzen wollen. Dann die gleiche Wassermenge dazu, Deckel drauf, stehen lassen. Es quillt nachtüber vor sich hin. Sie können ungestört ein Buch lesen oder in die Disko gehen, Skat spielen oder der Liebe pflegen, das Schauspiel besuchen oder gar nichts tun – die Linsen quellen und weichen, wie sie es sollen. Sie haben bis zum anderen Morgen ihr Volumen verdoppelt.

Vom Schlachter haben wir uns eine dicke Scheibe Kasseler Kamm geben lassen. Es kann auch Hamburger Rauchfleisch sein oder Schinkenspeck. Kasseler Kamm hat den Vorteil, schneller zu garen. Die Scheibe legen wir in den Topf zu den Linsen, füllen einen Liter Wasser auf und geben alles aufs Feuer. Eine fein geschnitzelte Zwiebel dazu und eine ganz klein gewürfelte Möhre und die kleingeschnittenen Stiele eines Petersiliensträußchens!

Zwei Stunden muß die Suppe vor sich hin kochen; die alttestamentarischen Hülsenfrüchte sind ziemlich widerborstig. Aber irgendwann sind sie doch soweit, daß wir noch eine oder zwei kleingewürfelte Kartoffeln hinzu geben können. Noch mal 15 Minuten! Dann die feingehackte Petersilie oben drüber. Ich nehme immer einen Schuß Essig auf den Teller und ein Stück derbes Schwarzbrot dazu. Ein Essen für die Götter!

Sein Erstgeburtsrecht zu verkaufen für ein Linsengericht, wie Esau es tat, wird heute niemandem einfallen.
Die Linsen sind reichlich vorhanden, denn „Isaak säte
und erntete hundertfältig", wie es im 1. Buch Mose 26,
12 heißt, und allen, die Hunger haben, mögen sie
immer reichlich zuwachsen.
Wer das mag, kann einen Stengel Bohnenkraut an die
Suppe tun.

Zutaten:
2 Tassen Linsen, 1 Zwiebel, 1 Möhre,
2–3 mittlere Kartoffeln, 1 Scheibe Kasseler Kamm,
Petersilie, Bohnenkraut, Essig

Dienstag

Nudeln mit Schinken und Ei

Nudeln sind eigentlich eine eher süddeutsche Ange-
legenheit. Sie sind erst in jüngerer Zeit in den Norden vorgedrungen, dafür indessen gründlich.
Allein in Mecklenburg kennt man zwei Nudelfabriken,
die ziemlich hohe Marktanteile haben und ihre Erzeug-
nisse auch im Lande selbst gut absetzen.
Das Wort Nudel ist kurioserweise in Mecklenburgs und
Vorpommerns südlichsten Grenzgebieten zu Uckermark
und Prignitz für Kartoffel verwendet worden und für
jene daumenlangen Dinger aus Weizenmehlbrei, die
man den Gänsen in den Hals stopfte, um sie zu Weih-
nachten fett zu machen.
Den Norddeutschen war da auch noch die Ulknudel,
der lustige oder verdrehte Mensch, ein Begriff.
Aber Nudeln essen: bewahre!
Ludwig Fromm, dessen 1860 erschienenes Büchlein
„Mecklenburg. Ein niederdeutsches Landes- und Volks-
bild" ausführlich über die Eßgewohnheiten der mecklenburgischen Landleute berichtet, erwähnt Nudeln
gar nicht; er meint jedoch, sie (die Bauern) hätten
„einen großen Widerwillen gegen alles, was sie ‚libberig'

nennen, was nicht derbe und fest ist, z. B. gegen Mehl-
speisen", und bekräftigt seine Beobachtung mit dem
Spruch: „Wat de Buer nich kennt, dat (fr)itt he nich."
Wir indessen haben die Nudel angenommen und in die
norddeutsche Alltagsküche integriert. Warum auch nicht?
Sie ist nämlich ein praktisches Ding, namentlich, wenn
sie „Spirelli" heißt.

Davon nehme ich pro Person eine mittlere Tasse voll
und werfe sie in einen Liter kochenden, leicht gesalze-
nen Wassers. Da bleiben sie 12 Minuten drin. Dann
werden sie in einen Durchschlag geschüttet, kalt abge-
duscht und, bis zu ihrer mittäglichen Verwendung,
schnöde stehengelassen. Am besten ist es, das schon
beim Frühstück zu tun, denn dann geht es mittags
besonders fix.

Nämlich so: Butter in die Pfanne, ein beliebiges Maß
kleingeschnittenen Schinkenspecks hinzu, jenen etwas
anbräunen lassen, jetzt die Spirelli drüberschütten, gut
durchrühren, alles zusammen schön durchbraten, drei
Eier drüberhauen, wiederum durchrühren, warten, bis
die Eier zu stocken beginnen, sodann auf den Teller
damit und dick mit geriebenem Käse bestreuen.

Wenn Sie es italienisch mögen – bittesehr, dann nehmen
Sie Parmesan und Oregano.

Wer das Holländische liebt, benutzt selbstgeriebenen

alten Gouda. Auch Ketchup paßt immer, und ein Gläs-
chen junger Beaujolais macht das simple Dienstags-
mahl zum kleinen Fest.

Wenn Sie, wie ich es Ihnen riet, das Abkochen der Spirelli und das Kleinschneiden des Schinkens schon morgens besorgt haben, benötigen Sie für die Herstellung
des Essens am Mittag höchstens 10 Minuten.

Zutaten:
2 Tassen Spirelli, 100 g Schinkenspeck,
Butter, 3 Eier, geriebener Käse (Parmesan oder
Gouda), Ketchup, Oregano

Mittwoch

Gebratene Leber von Schwein oder Rind

„Die Leber ist von einem Schwein und nicht von einem Rinde – ich esse alle beide gern, weil ich sie köstlich finde!" Das nennt man einen Leberreim. Wer den Blödsinn erfunden hat, kann man zwar heute nicht mehr feststellen, aber der Rostocker Professor Gerhard Grümmer hat in seinem höchst interessanten Buch „Spielformen der Poesie" (1985) immerhin mitgeteilt, daß die wohl als Tischsprüche beim Verzehren von Lebergerichten entstandenen, meist etwas albernen Zweizeiler schon seit Beginn des 17. Jahrhunderts aufgezeichnet worden sind. Namen wie Gellert, Droste-Hülshoff und der des märkischen Wanderers Fontane stehen in der Autorenliste. Der letztere ließ, als er einmal im Spreewald ein Fischgericht verzehrt hatte, die durchaus verständliche Forderung ergehen:

> „Die Leber ist von einem Hecht
> und nicht von einer Schleie.
> Der Fisch will trinken, gebt ihm was,
> daß er vor Durst nicht schreie!"

Da haben sie dann den mitgebrachten Weinkorb angebrochen und sind dabei bannig lustig geworden und haben schließlich, per Leberreim, den Gastgeber gefeiert:

> „Die Leber ist von einem Hecht
> und nicht von einem Störe.
> Es lebe Lehrer Klingestein,
> der Kantor der Kantöre!"

Na, wenn das kein Gedicht ist.
Aber auch unsere Leber ist ein Gedicht, wenn wir sie so
zubereiten.
Wir zerschneiden ein ausreichend großes Stück Schwei-
ne- oder Rindsleber in fingerdicke Streifen. Die spülen
wir noch einmal gründlich im Durchschlag ab und wälzen sie sodann in Mehl, dem wir eine Prise Salz beige-
geben haben. Schon können wir sie in Butter oder Margarine kurz braten. Die Leber in dicken Scheiben zu
braten empfiehlt sich nicht, sie wird außen kroß und
innen bleibt sie rot. Das ist nicht jedermanns Geschmack. Die Streifen werden auch kroß, was wir ja so
mögen, aber sie braten auch schneller durch.
In einer zweiten Pfanne haben wir eine in Ringe zerleg-
te große Zwiebel und einen in Scheiben geschnittenen
Apfel (mit Schale!) schön gedünstet, die Zwiebel wird

glasig, der Apfel erzeugt einen angenehmen Duft. Und
für die Grundlage sorgt eine Schüssel mit Kartoffelpüree.
Nun gießen wir uns ein Bierchen dazu ein und
dichten:

> „Die Leber ist von einem Schwein
> und nicht von einem Hechte,
> und mir schmeckt sie so herzlich fein:
> um ich mich für sie brächte!"

Reim dich, oder ich freß dich, Leber!

Zutaten:
250 – 300 g Leber,
Butter oder Margarine, Mehl, Salz,
1 – 2 Zwiebeln, 1 fester Apfel

Donnerstag

Königsberger Klopse

Wenn Königsberg auch dem „Reich" verlorenging, weil Adolf der Beklopste es verspielte, so sind dennoch die nach der Stadt am Pregel benannten Klopse eiserner Bestandteil der deutschen Küche geblieben. Neulich hat mir ein echter „Keenichsbarjer", nachweislich von dort „jebirtich", geschworen, daß er als Kind dieses Gericht niemals aufgetischt bekam, und daß er die Keenichsbarjer Klopse erst nach seiner unsanften „Hejmfiehrung ins Rejch" kennengelernt habe.

Auch meine Oma, die zwar nicht direkt aus Königsberg, aber immerhin aus der Nähe, aus dem „Rejierungsbezirk Jumbinnen" stammte, war des Gerichts unkundig. Aber so ist es: Wer kennt Wiener Schnitzel in Wien?

Für die Königsberger Klopse benötigen Sie pro Nase ein Viertel gemischtes Hackfleisch, halb Rind, halb Schwein, eine eingeweichte Semmel oder Weißbrotscheibe, ein Ejjalb (um im Dialekt zu bleiben), eine große Zwiebel, Sardellenpaste in der Tube, Pfeffer, Salz, Zucker, Butter, Mehl, Brühe, Kapern, Piment, Zitrone, Mostrich und Weißwein, der trocken sein soll. Ich baue mir immer alle diese Zutaten idiotensicher neben dem Herd auf. Es ist wirklich kompliziert, und schlichte Gemüter wie ich halten sich doch gern an die Reihenfolge, um nichts zu vergessen.

Zuerst wird die Zwiebel zerrieben.

Dazu habe ich ein Wundergerät im Schrank, das bisher von allen mich besuchenden Wessi-Hobby-Köchen bestaunt worden ist. Es besteht aus einem kleinen handlangen Holzbrettchen, in das vier versetzte Blechmesserchen eingelassen sind. Eine echte Ost-Erfindung, die von den sächsischen Marktschreiern vertrieben wurde: „Se weenen nich mehr, Se schneeden sich nich mehr in die Flossen, Se zischen so mit der Zwibbel iebers Brettl, und schon isse kleen!"

Die zerkleinerte Zwiebel schwitze ich mit etwas Butter auf kleiner Flamme in einer Kasserolle an.

Unterdessen: Hackfleisch in die große Schüssel, eingeweichte Semmel dazu, Eigelb und die Hälfte vom Weißen gleichfalls, eine Prise Salz, eine Prise Pfeffer und natürlich ein handlanger Strang Sardellenpaste aus der Tube.

Nun von der glasig geschwitzten Zwiebel auch noch die Hälfte, und dann alles gut durchwirken, wie man das so nennt. Man darf die einzelnen Bestandteile des Klopsteiges nicht mehr augenscheinlich erkennen.

Sodann werden aus diesem Teig mit nassen Händen

sechs Kugeln geformt, drei für mich und drei für meine Liebste, denn wir teilen immer alles.

Jetzt kommt etwas Butter (etwa 20 Gramm) in den Schmortopf. Wenn sie dünn ist, zwei Eßlöffel Mehl dazu und nach kurzem Schwitzen und ständigem Rühren mit einem Viertelliter Brühe ablöschen. Die restlichen Zwiebeln hinein!

Einen Schuß Weißwein dazu, einen zweiten in den Hals, um den Durst des Kochs zu besänftigen, und einen kleinen Löffel Mostrich.

Auch die Kapern können hinterher, ein Stück Würfelzucker desgleichen.

Wenn dieser Spezialsud brodelt, wird ihm noch einmal ein kräftiger Schuß Sardellenpaste verpaßt und ein guter Eßlöffel Zitronensaft.

Und dann legen wir unsere Klopskugeln hinein und lassen das Gericht ein Viertelstündchen oder 20 Minuten lang auf kleiner Flamme garziehen.

Dazu gibt's möglichst mehlige Salzkartoffeln und Salzgurken. Die sorbischen aus dem Spreewald sind die besten.

So schmeckt's vorzüglich, und der Rest der ohnehin angebrochenen trockenen Buddel weißen Weines, der keineswegs ein Star sein muß, löscht dann den Durst, den Sardellenpaste, Zwiebel, Mostrich und Kapern

angerichtet haben, auf angenehmste Weise. Keenichs-
barch läßt grüßen!

Zutaten:
300 g Hackfleisch halb & halb,
1 Scheibe Weißbrot oder 1 trockenes Brötchen,
1 Eigelb, 1 große Zwiebel, Pfeffer, Salz, Zucker,
Mehl, Brühe, Sardellenpaste, Zitronensaft,
Kapern, Piment, Senf, Weißwein,
Butter oder Margarine

Freitag
(auch Karfreitag, Heiligabend und Silvester)

Karpfen

Nehmen Sie den aus der Lewitz; es ist der beste Karpfen, den Mecklenburg hervorbringt, ein Fisch wie der andere, glatt und blank und schier und nicht zu fett; er hat „'n Rücken so breet as ne Stark", sagt der Fischer aus Plate. Er ist zart im Fleisch und überhaupt und so weiter.

Wir machen ihn blau. Bei Männern ist das keine Kunst; beim Karpfen verlangt es Fingerspitzengefühl.

Frau Frieda Ritzerow widmete dem Vorgang in ihrem mecklenburgischen Kochbuch eine ganze Druckseite, woraus sich die Diffizilität der Sache ablesen läßt.

Ich lasse den Karpfen beim Einkauf schlachten, köpfen und ausnehmen. Die Schweinerei will ich nicht zu Hause erledigen, und der Fischmann kann das auch viel besser, schneller und sauberer. Dafür zahl' ich dann eben 'ne Mark mehr.

Je nach Größe des Karpfens lasse ich ihn ganz (ich weiß ja um die Größe meines Topfes), oder er wird in zwei bis drei Stücke zerlegt.

In jenem Topf wird reichlich Wasser mit einer Zwiebel,

77

einigen Gewürz-, Piment-, Senf- und Pfefferkörnern, einem kleinen (!) Lorbeerblatt, einem Teelöffel Salz und – dies für das Blaue – einer halben Tasse Essig (5 %) zum Kochen gebracht.

Nun hinein mit dem Karpfen! Ob ganz oder in Stücken, er geht erst einmal unter. Das soll er auch. Die Hitze drosseln wir, sobald das Wasser wieder aufwallt, und lassen den Fisch bei kleiner Flamme ziehen. Das dauert nicht lange, höchstens 10 Minuten. Dann kommen die Fischstücke an die Oberfläche und signalisieren: Wi sünd nu gor!

Wir fischen sie mit der Schaumkelle heraus. Sie gehen leicht von der Gräte zu lösen; trotzdem ist Vorsicht am Platze, denn grätenarm ist der Karpfen nicht.

Also setze man beim Karpfenessen die Lesebrille auf oder/und lasse, wie einer unserer Familienahnen, anspannen und den Kutscher vor dem Hause warten, falls jemandem eine Gräte in den Schlund führe und gewisse Atemnöte verursachen sollte. Nur keine Angst! Solche abenteuerlichen Geschichten werden zwar oft erzählt, geschehen aber sehr selten. Und man hat ja Augen im Kopf.

Zum Karpfen gebe ich mehlige Salzkartoffeln, etwas zerlassene Butter, Zitronensaft zum Träufeln und geriebenen Meerrettich, den man in feinster Qualität in

Tuben oder Glastöpfchen kaufen oder aber mit tränen-
dem Auge selbst reiben kann.

Zutaten:
1 Karpfen (1-1,5 kg),
Zwiebel, Piment, Senfkörner, Pfefferkörner,
Lorbeerblatt, Salz, Essig, Butter, Zitronensaft

Sonnabend

Senf- oder Mostricheier

Der Unterschied zwischen Senf und Mostrich ist längst aufgehoben. Zu früheren Zeiten wurde Senf aus gemahlenen Senfkörnern mit Essig und Gewürzen zu einer „gelbbraunen, breiigen, würzig bis scharf schmeckenden Masse" (Deutsches Universalwörterbuch Duden, 1989) zusammengerührt; bei Mostrich nahm man statt Essig sauren Wein („Most"). Der kommt heute nicht mehr vor, man hat sich zu der Kompromißlösung durchgerungen, Weinessig zu verwenden. Manchmal wird auch der allseits beliebte Meerrettich hinzugepampt.

Anno dazumal gab es den Mostrich oder Senf in kleinen Gläsern, die nach Verbrauch ihres Inhaltes zum Zähneputzen verwendet wurden.

In meiner Vaterstadt gab es eine Mostrichfabrik, die allerdings auch Stiefelwichse herstellte. Der böse Volksmund maulte, daß beim Mißlingen der Wichse die Pampe immer noch als Mostrich verkauft werden könne.

Zu DDR-Zeiten kostete ein Plastetopf mit 125 Gramm Senf 17 Pfennige (ohne) und 34 Pfennige (mit Meerret-

tich). An den Bahnhofskiosken gab es reichlich Senf auf dem Pappteller, um den grausigen Geschmack der soge-nannten „Dampfbockwurst" zu überdecken. Leider ist die Kulturgeschichte des Mostrichs noch nicht geschrie-ben.

Aber nun wollen wir endlich zu den Eiern schreiten und unseren Senf dazugeben.

Nämlich zu einer hellen Grundsoße, die wir entweder aus der Fertigpackung oder nach bewährtem Omarezept zusammengerührt haben: Etwas Butter zerlassen, zwei Eßlöffel Mehl vorsichtig hellgelb anschwitzen, mit Fleischbrühe ablöschen. Das alles unter ständigem Rühren. In die Soße einen kräftigen Schlag Senf, eine Prise Zucker und einen Schuß trockenen Weißweins, der nun nicht gerade vom Besten sein muß. Mancher mag auch noch eine Kaper hineintun. Bittesehr.

Inzwischen haben wir die Eier gekocht und gepellt; heiß, wie sie sind, werden sie in die heiße Soße gelegt. Ob man sie hart oder weich kocht, sei jedermann freigestellt. Zu weich indes ist nicht gut, weil sie dann manchmal auslaufen können.

Das ist alles. Man genießt dieses edle Gericht (in Berlin recht zutreffend „Kutscherkaviar" oder auch „Witwentrost" genannt) zu Salzkartoffeln und Bier.

Zutaten:
4 Eier, Butter, Mehl, Brühe,
Senf, Zucker, 1 Schuß Weißwein,
1 – 2 Kapern

Die vierte Woche

Selbstbetrug

Der Hagenower Uhrmacher Hempel galt als geizig. Während ihm seine auf Vorrat gekochte Erbsensuppe zunächst mundete, war sie am dritten Tage des öfteren sauer geworden. Da er es aber niemals übers Herz brachte, das Essen wegzuschütten, so stellte er sich zum Trost ein großes Glas Kümmel neben den Teller, würgte die saure Suppe mit Todesverachtung hinunter, goß sodann den Kümmel in die Flasche zurück und sprach zu sich selbst: „Anschäten, Hempel!"

Sonntag

Kasseler mit Grünkohl
und Bratkartoffeln

„Väl ät ik nich, oewer wat ik ät, dat ät ik god, un denn lewer'n bäten mihr!" pflegte einer der letzten großen Esser in Mecklenburg, der Handwerksmeister S. in L. zu sprechen, und er gab dieses plattdeutsche Bonmot garantiert dann zum besten, wenn Kasseler mit Grünkohl und Bratkartoffeln auf dem Küchenzettel stand.

Dat is ja oewer ok 'n Äten, woto 'n Meckelborger gor nich ne seggen kann.

Wir benötigen dazu ein schönes, schlankes Stück gepökelten Koteletts vom Schwein, so ein Kilo sollte es schon sein.

Warum das Fleisch „Kasseler" genannt wird, weiß der Himmel. Vielleicht stand die Stadt Kassel Pate.

In der plattdeutschen Sprache gibt es das fast ausgestorbene Wort „kasch" oder „kass", was soviel wie „forsch", auch „frisch" bedeutet. Möglich, daß das Frischhalten des Schweinefleischs durch Pökeln und Räuchern zu der Bezeichnung geführt hat.

Auf jeden Fall wird vom Schlachter ein Kotelettstrang

vom Schwein mit Knochen und Filet gepökelt und in
den Rauch gehängt und dann in seiner prächtigen rot-
goldenen Farbe verlockend in die Auslage gepackt.

Man kann übrigens, wenn das Fleisch wirklich gut
geräuchert ist, mit einem ganz, ganz, ganz scharfen
Messer ganz, ganz, ganz dünne Scheiben davon absä-
beln und sie auf Schwarzbrot mit Butter seinen Gästen
servieren als Zubiß beim abendlichen Skat. Die Scheiben müssen so dünn sein, daß man die Butter durch-
schimmern sieht, und wenn man sie obenauf mit einem
Klacks geriebenem Meerrettich verziert, so ergibt das
eine wirkliche Delikatesse. Aber still, wir gleiten in die
kalte Küche ab.

Das Kilo-Stück Kasseler Kotelett setzen wir in einem
großen Topf mit kaltem Wasser auf den Herd. Irgend-
welche Gewürzzutaten sind nicht erforderlich; das
Fleisch ist durch das Pökeln und Räuchern gewürzt
genug. Es dauert eine Weile, bis es kocht, und wenn es
kocht, dann lassen wir es eben kochen. Es benötigt so
etwa zwei Stunden, und wenn es drei sind, schadet das
auch nichts.

Nun nehmen wir uns den Grünkohl vor. Man kann ihn
in recht guten Konserven (in Gläsern) kaufen; er
kommt aus mecklenburgischen und brandenburgischen
Konservenfabriken und ist, wie man das nennt, bereits

„gewolft". Man kann aber auch, wenn man mal stilecht sein will, ein Kilo oder drei Pfund frischen Grünkohl beim Gärtner kaufen (natürlich nur im Winter). Denn Grünkohl muß im Garten richtig ausfrieren. Die gut gewaschenen krausen Blätter werden gebrüht und durch den Fleischwolf geleiert. Das macht garantiert eine grünsuppige herrliche Küchenschweinerei. Also gut, wir nehmen die Konservengläser.
Ich gebe ein wenig Schweineschmalz in den Schmortopf

und lasse eine zerkleinerte Zwiebel darin glasig schwitzen. Dann kommt der Kohl dazu. Aus dem blubbernden Topf, in dem das Kasseler kocht, entnehme ich eine kleine Kelle der Brühe und gieße sie dem Kohl hinzu. Dann gibt es eine kleine Prise Pfeffer und einen halben Teelöffel Zucker. Wenn der Kohl in Wallung gerät, wird die Hitze gedrosselt. Mit Deckel und bei kleiner Flamme kann er nun vor sich hin bruddeln. Beides, das Fleisch und der Kohl, werden nach etwa zwei Stunden zugleich gar sein. Man kann hin und wieder eine halbe Kelle Brühe aus dem Fleischtopf zum Kohl hinüber transferieren.

Sie werden schon bemerkt haben, daß diese Kasseler-Brühe einen starken, sehr appetitlichen Duft verbreitet. Ihre Würzkraft verleiht deshalb unserem Kohl den rechten Pfiff.

Das Fleisch läßt sich nach zwei Stunden Kochzeit ganz leicht vom Knochen lösen. Wir legen es auf eine Platte und schneiden es (Vorsicht! Nicht zerbröckeln!) mit scharfem Messer in fingerdicke Scheiben, die wir zu Bratkartoffeln servieren.

Der Kohl wird mit der unentbehrlichen Schaumkelle aus seinem Schmortopf gehoben. Wir lassen ihn gut abtropfen, denn auf dem Teller soll er eher trocken sein und seine köstlich-krümelige Konsistenz, in der die

weißen Zwiebelstücke im tiefgrünen Umfeld aufleuch-
ten, recht entfalten.
Mostrich muß natürlich sein. Er sei möglichst scharf.
Der Trunk dazu sei Kümmelschnaps, und zwar „...ein'n
vor das Essen, ein'n mang das Essen und ein'n nach das
Essen".

Zutaten:
1 kg Kasseler Rippenspeer,
1–1,5 kg Grünkohl oder 1 große Dose,
Schmalz, 1 Zwiebel, Pfeffer, Zucker

Montag

Kartoffelsuppe
(meckl.: Kantüffelsupp)

Nun ja, wir nennen es ein einfaches Gericht. Dennoch wollen wir auf seine Zubereitung die gehörige Sorgfalt verwenden. Es ist so eine Reihe von Feinheiten zu beobachten, die eben den Pfiff der Sache ausmachen.

Zunächst erstellen wir eine Bouillon, eine Rindfleischbrühe. Natürlich kann man auch fertige nehmen, das spart eine Menge Arbeit und ist zudem auch noch billiger. In dieser Brühe garen wir eine feingehackte Möhre mittlerer Größe, einen kräftigen Stengel Selleriekraut, eine halbe, feingehackte Zwiebel und die – ebenfalls feingehackten – Stiele der Petersilie, deren Kraut wir erst einmal zur Seite legen.

Während unsere Brühe mit den Zutaten kocht, schälen wir die Kartoffeln. Es sollten festkochende sein. Wir kochen die nötige Menge ohne Salz ab und zerstampfen sie auf Omas Art und Weise. Die Stampfmasse lassen wir in die kochende Brühe gleiten; die Konsistenz der Suppe wird durch das Verhältnis von Brühe und

Stampfkartoffeln bestimmt. Wer es dünner liebt, nimmt
mehr Brühe, und wer es dicker mag, mehr Kartoffeln.
Die Möhren und das Selleriekraut sowie die Petersilien-
stengel sorgen für rote und grüne Farbtupfer im gold-
gelben Kartoffelbrei. Aufkochen – fertig.
Die Petersilienblätter werden ganz fein zerkleinert, über

die fertige Suppe gestreut. Sie dürfen nicht mitkochen, denn das zerstört ihre lieblich-scharfe Würzkraft. Wer denn unbedingt das Scharfe will, der kann noch etwas weißen Pfeffer an die Suppe tun, aber schon Frieda Ritzerow warnte, dies sei „nicht rathsam, da nicht Jedermann Pfeffer daran liebt".

Diе Suppe ist ungemein sättigend und sollte heiß gegessen werden.

Als Einlage sind in Scheibchen geschnittene Wiener Würstchen beliebt, auch angeröstete Speckwürfel sind delikat. Der Mecklenburger liebt es, einen Kringel Lungenwurst in die Suppe zu tun.

Zutaten:
Kartoffeln, Brühe, Selleriekraut,
1 Möhre, 1 Zwiebel, Petersilie,
Würstchen oder Speck nach Belieben

Dienstag

Bouletten, Buletten, Frikadellen oder „Bäckergewinn"

„Frikadellen" heißen sie meist, wenn sie kalt sind. Man kann an gewissen Bahnhofskiosken Frikadellen kaufen, bei denen der Ruf, sie seien „Bäckers Gewinn", mit schneller Zunge zu beweisen ist, denn sie sind nach dem Prinzip „1:1" hergestellt: Man verrühre ein Kilo Schweinshackfleisch mit einer Tonne Semmelmehl.

Nichtsdestotrotz hat sich die Boulette, bei welcher Schreib- und Nennweise ich dudenfeindlich bleiben will, den Ruf erobert, neben der Bockwurscht das Nationalgericht der Berliner zu sein, was sich auch in ihrem Kampfesruf „Ran an die Bouletten!" manifestiert.

Bouletten sind aber, wenn sie auf rechte Weise verfertigt werden, viel besser als ihr geschädigter Ruf.

Zunächst bereiten Sie einen Fleischteig, wie wir ihn schon für die Herstellung des Kleinen Hackbratens vorgeschlagen haben (siehe Seite 50). Aber statt nun einen großen Klops zu kneten, formen wir kleine Bällchen,

nicht größer als eine Mandarine, drücken sie, nachdem
sie hurtig zwischen den Händen verdichtend gekreist
sind, etwas platt, drehen sie in Mehl kurz um und legen
sie sogleich in die Butter, die in der Pfanne brutzelt.
Frisch in Butter gebratene Bouletten sind, besonders zu
gelben Bohnen (Wachsbohnen) eine Köstlichkeit. Bratzeit höchstens 6 bis 8 Minuten, öfter einmal umwenden!
Anstatt reinen Schweinefleischs nehme ich lieber gemischtes Hackfleisch, frisch vom Schlachter. Will man
ganz sicher gehen, kann man natürlich das Hackfleisch
selber herstellen, indem man 200 Gramm Schwein
(mager) und 200 Rind (mager) eigenhändig durch den
Wolf dreht. Aber Sie und ich, wir haben einen verläßli-
chen Schlachter, der auch das Hackfleisch täglich frisch
zubereitet.

Noch ein Wort zu den gelben Bohnen: Frisch vom Markt
und im Ganzen gelassen, sind sie am besten! Man muß
sie etwa 80 Minuten abwellen. Mit frisch gehackter
Petersilie überstreut, stellt die deutsche Wachsbohne an
Wohlgeschmack alles in den Schatten, was sich sonst
Bohne nennt.

Ach, und tun Sie mir die Liebe, die Bohnen nicht noch
in Butter zu schwenken, wie es die deutsche Hausfrau
so gerne tut!

Wenn von den Bohnen etwas übrigbleibt, so können Sie

mit Hilfe einer halben Zitrone, einer geraspelten Zwiebel und etwas Pfeffer einen köstlichen Salat herstellen, der, namentlich in gekühltem Zustand, höchst erfrischend, vitaminreich und bekömmlich ist.
Ich verrate Ihnen, daß bei mir immer Bohnen übrigbleiben.

Zutaten:
250 g Hackfleisch halb & halb,
Semmelbrösel oder Weißbrot, 1 Ei,
Pfeffer, Salz, 1 Zwiebel,
Butter oder Margarine, Mehl

Mittwoch

Brathering, sauer eingelegt

Natürlich muß, wenn er am Mittwoch gegessen werden soll, der Brathering spätestens am Montag in die Tunke, besser noch am vorhergehenden Wochenende. Denn hei möt dörchtrecken, wie man an unserer Küste sagt.

Mein Rezept habe ich von meinem leider schon verstorbenen Freund Gustav K. geerbt, der von der Insel Poel stammte und behauptete, er seinerseits kenne diese Art der Zubereitung von seiner Urgroßmutter, die 101 Jahre alt geworden sei und mit drei Poeler Fischern (nacheinander, versteht sich) verheiratet war. Alle drei blieben auf See. Da nahm sie als vierten einen Schuster, der trieb sein Gewerbe an Land und konnte nicht in Sturmesbraus versaufen. Wenn ich nun noch erzähle, daß dieser vierte Gatte, also der Stiefgroßvater 4. Klasse meines Freundes Gustav, den guten Namen Bradhering trug, so werden mich jetzt 95 % meiner Leser einen Lügner schimpfen. Bei meiner Ehre: er hieß so. Wer sich einmal die Mühe macht, auf den Friedhöfen der Dörfer an der Küste auf die Grabsteine zu gucken, der wird sich wundern, wie viele Bradheringe er findet.

Besonders auf dem Fischland sind, nomen est omen,
Träger dieses Namens häufig, und meist sind sie noch
nicht einmal miteinander verwandt.

Nun aber genug dieser Döntjes, nun wollen wir uns dem
Rezept der Helene Bradhering, verw. Saufklever, verw.
Frehse, verw. Kühl, geb. Gohlke, mit Aufmerksamkeit
zuwenden.

Natürlich benötigen wir Heringe. Schöne schiere glatte
frische grüne Heringe. Warum die „grün" genannt wer-

den, obwohl sie eher bläulich-silbern aussehen? „Grün"
heißt einfach ‚frisch", also weder geräuchert noch ein-
gesalzen. Frisch aus der See. Zu meinem großen Er-
staunen hörte ich kürzlich in einem Fleischerladen in
Heringsdorf eine Frau Koteletts verlangen, und der
Schlachter fragte: „Grün oder Kasseler?"

Also, ein halbes Dutzend Heringe werden geköpft, aus-
genommen und ihrer Schuppen entledigt. Das ist zwar
Schweinkram, aber nötig. Dann werden die lieben Tier-
chen gründlich gewaschen, mit Salz und ein wenig Pfeffer bestreut und innen und außen mit frischem Zitronensaft beträufelt. Altes Prinzip der drei großen S:
Säubern, Säuern, Salzen. So vorbereitet läßt man sie
erst einmal in einer Schüssel durchziehen, mindestens
eine Stunde. Jetzt lassen wir sie gründlich abtropfen
und wälzen sie kurz in Mehl. Und nun werden sie
schnell und mit Geschick nebeneinander in die große
Pfanne gelegt, in der Butter, Butterschmalz oder eine
gute Bratmargarine schon am Brutzeln ist. Das zischt!
Wenn wir den letzten Kandidaten in sein Fegefeuer
legen, können wir den ersten schon umdrehen. Das
machen wir so zwei-, dreimal durch die Reihe, bis sich
auf den Fischleibern diese fabelhafte goldfarbene Bräunung verbreitet, die uns den Appetit in den Schlund
jagt. Am liebsten äßen wir jetzt erst einmal einen

97

„frisch ut de Pann". Wer diesen „Jieper" einmal hatte, wird statt des halben Dutzends gleich sieben Stück in die Pfanne tun, damit einer zum Vorkosten übrig ist.

Sind die Heringe durchgebraten, was nur wenige Minuten dauert, nehmen wir sie heraus und legen sie zum Abkühlen in einen „Hafen", wie das in Norddeutschland heißt, eine längliche Schüssel aus Jenaer Glas mit Deckel, den wir aber noch nicht darauftun.

Nun wird die Tunke bereitet. Gustavs Uroma machte das so: In eine Kasserolle goß sie eine Tasse guten scharfen Weinessig. Hinzu tat sie drei Tassen klaren Wassers. Dann warf sie drei dicke Brocken Kandiszucker (auch „Klüntjes" genannt) hinzu, was etwa dem heutigen Maß eines gestrichenen Eßlöffels entspricht, legte ein sorgfältig ausgewähltes großes Lorbeerblatt hinein, gab sodann tüchtig Senfkörner, soviel in eine kleine Hohlhand gehen, hinzu und schälte eine dicke Zwiebel, die sie in Ringe schnitt. Die Zwiebel allerdings gab sie nicht in die Kasserolle, sondern verteilte die Ringe zwischen die im Glashafen abkühlenden Heringe. Nun grabbelte sie in ihrem Gewürzschränkchen nach dem Piment und zählte für jeden Hering ein Korn ab. Gleiches geschah mit dem ungemahlenen weißen Pfeffer, allerdings pro Hering drei Körnchen der scharfen Wahrheit. Jetzt schob sie die Kasserolle aufs Feuer, und wenn es zu kochen begann (erst dann!), warf sie die Körner hinzu und ließ alles eine kurze Weile aufwallen. Nun nahm sie die Kasserolle von der Flamme und goß ihren Inhalt samt all den Gewürzen vorsichtig über die zwiebelbekränzten goldenen Fische im Glashafen.

Gewiß, als Oma Bradhering Heringe briet, gab es noch keinen Glashafen, denn er war noch nicht erfunden. Nu werden Sie doch nicht pingelig! Sie nahm eine längliche, bedeckelte Tonschüssel, die tat denselben Dienst.

Wir können nun den Deckel auf den Glashafen stülpen. Die Fische tun nun wieder, was sie auch schon im Leben taten: sie schwimmen. Sie sind also nun in den Himmel der Fische gekommen und bleiben dort mindestens zwei Tage, besser drei. Grüner Salat, auch Gurkensalat sind angenehme Beilagen. Als passende Kartoffelform empfehlen sich a) Bratkartoffeln oder b) Stampfkartoffeln, aber auch c) ein deftiger Kartoffelsalat, den man kalorienarm mit saurer Sahne oder Joghurt statt Majonäse (für Gebildete: Mayonnaise), rohen Zwiebel- und Apfelstückchen und einer feingehäckselten Gewürzgurke anrichten und mit etwas gehackter Petersilie verfeinern kann. Und ein feines trockenes Bier dazu aus Lü. oder Je. – da wollen wir keine Werbung machen. Sie wissen es selbst, was da gemeint ist.

Oma Bradhering übrigens empfahl, den Heringen in

ihrem Paradies vor dem Überbrühen mit dem Gewürz-
sud noch einen Zweig frischen Thymians beizulegen,
denselben aber, sobald das Ganze erkaltet sei, wieder
herauszufischen. Ich habe das nie probiert. Vielleicht ist
das ein schwedisches Relikt, denn Gustavs Uroma hatte
ihrerseits eine schwedische Uroma.

100

Apropos: Nicht gleich verspeiste Heringe halten sich in dem Aufguß, dunkel und kühl aufbewahrt, mindestens zwei Wochen. Aber ich wette, daß ihnen diese Verweildauer im Paradies der Heringe nicht beschieden sein wird, denn der Zahn tropft. Wenn Sie mich fragen: ein Götteressen, eine plattdeutsche Ambrosia.

Zutaten:
6 – 8 mittlere grüne Heringe,
Salz, Zitrone, Mehl, Margarine,
Essig, Piment, Lorbeerblatt, Senfkörner, Zucker,
1 Zwiebel, Pfefferkörner (weiß)

Donnerstag

Schulterbraten vom Schwein

Eine Schweineschulter wiegt etwa 1 Kilogramm. Wie der Name sagt, stammt sie vom allerobersten Ende des schweinischen Vorderbeines.

Tante Anna, der wir mehrfach ehrend gedenken, verstand sich hervorragend auf die Zubereitung von Schweineschultern, und der versoffene Onkel Gustav, der in den letzten Jahren vor seinem Ende als Pförtner beim örtlichen Schlachthof arbeitete, brachte gelegentlich die notwendigen Grundstoffe von seiner Arbeitsstätte mit nach Hause in die kleine Küche mit dem gemauerten Herd.

Anna begutachtete die Mitbringsel, und fand sich eine Schweineschulter, so rezitierte sie einen völlig unsinnigen Vers, der keinesfalls ihrem eigenen Gehirn entsprungen sein konnte, sondern wohl eine Erinnerungsfrucht ihrer berlinischen Jugendzeit war.

Sie wog die Schweineschulter in der Hand, betrachtete sie kennerisch von allen Seiten und sprach, in angegebener Betonung:

„Ósterbeen, ósterbeen
is des Menschen Vérderbeen!
Ósterbeen, ósterbeen,
ohne Glaubénsterbeen
is des Menschen Vérderbeen!"

Dann schritt sie zur Tat.
Die Schweineschulter hat im Zentrum einen Knochen,
nämlich den Oberarmknochen des zu unserer Eßlust
hingemordeten armen Schweins. Um den Knochen her-
um ist reichlich rotes Muskelfleisch, gewissermaßen des
Schweines Bizeps, angeordnet. Das Ganze wird zusam-
mengehalten durch eine dicke und fette weiße Schweine-
haut samt Schwarte, auf der, außen, auch noch ein paar
Borsten zu finden sind.
Igittigitt! rufen zarte Gemüter. Das sollen wir essen!?
Gemach! Es ist ein köstlich Ding!
Anna-Tanten rieb die Schulter von allen Seiten kräftig
mit Salz ein. Dann machte sie Butter heiß im großen
Schmortopf und schnitt eine dicke Zwiebel darein.
Sodann legte sie die Schulter mit ehrfürchtigem Ge-
sichtsausdruck in die zischende Butter und beäugte sie
scharf, während sie sich langsam erst auf der einen,
dann auf der anderen Seite bräunte. Auch die Schwar-
te wurde angebräunt, indem die Schulter hochkant zwi-

schen zwei Kochlöffeln im brutzelnden Butter-Zwiebel-Sud hin- und hergewendet wurde. War der Bräunungsgrad zu Annas Zufriedenheit fortgeschritten, so hob sie das Fleisch aus dem Topf und wartete, bis die Zwiebel in der immer dunkler werdenden Butter verbrannte. Richtig schwarz mußte sie sein. Dann erst gab sie kochendes Wasser hinzu, was ein mächtiges Aufwallen im Topfe bewirkte. Hatten sich die Wellen gelegt, kam das Fleisch wieder hinein. Ein ganzer ungeschälter saurer Apfel wurde hinzugetan, das Herdfeuer etwas gedämpft und zurückgenommen. Der Deckel kam auf den Topf, und nun ließ Anna die Schulter zwei Stunden schmoren.

Moderner Einwurf: Ich füge zusammen mit dem Apfel noch eine Knoblauchzehe bei.

War die vorgeschriebene Zeit um, nahm Tantchen die Schulter vorsichtig mit der Löcherkelle aus dem Topf. Vorsichtig!, wie gesagt, denn das Fleisch war jetzt so weich und gar, daß es schon von allein vom Knochen fiel, die Schwarte (Anna hatte sie vor dem Ansetzen schon mit scharfem Küchenmesser kreuzweis eingeschnitten) dampfte. Das Fleisch zwischen dem Knochen und der Schwarte hatte eine hellrot-fasrige Konsistenz angenommen und schrie schon nach dem bereitstehenden Mostrich.

Nun goß Anna den Schmorsud durch ein Haarsieb, gab ihn zurück in den Topf, mischte ihm ein Viertelliterchen saurer Sahne bei und band dann die Soße mit angerührtem Roggenmehl. Sie bestand auf Roggenmehl, denn anderes gab es ja sowieso nicht. Als nämlich einmal eine Westtante das gute „Maizena" geschickt hatte und unserer Anna-Tanten die Soße damit mißlang, schimpfte sie auf den „Westschiet" und blieb bei ihrem Roggenmehl bis ans Ende ihrer Tage.

Zu diesem köstlichen, deftigen und trotzdem auch für kalorienbewußte Menschen akzeptablen (man muß ja die fette Schwarte nicht mitessen) Gericht gehört, wir sagten es schon, Mostrich. Als Gemüse eignen sich Rotkohl, Rosenkohl oder auch Blumenkohl, aber Mischgemüse ist auch nicht übel. Und eine Salzgurke in Reichweite...

Zutaten:
1 Schweineschulter (600 – 800 g),
Butter, Salz, 1 Zwiebel, 1 Apfel,
saure Sahne, 1 Knoblauchzehe, Mehl

Freitag

Schollen „ut de Pann"

Auf den Speisekarten in Norddeutschland ist sie so etwas wie eine Königin. Unterschiedliche Beinamen preisen sie als Maischolle, Kutterscholle, Butterscholle usw. an. Sie gehört zur großen Familie der Plattfische, denen die Augen im Laufe ihres Erwachsenwerdens um den Kopf herumwachsen.
Der Heilbutt schielt nach rechts, der Steinbutt nach

106

links, und bei der gewöhnlichen Scholle gibt's „sone und solche".

Die Leute an der Ostseeküste erzählen sich die Sage, daß die Fische einst sprechen konnten. Unter ihnen waren die Plattfische besonders geschwätzig. Der liebe Gott ermahnte sie, doch wenigstens während des sonntäglichen Glockenläutens den Mund zu halten, sonst werde er es ihnen schon eintunken. Aber die Schollen und Butte und Flundern und alle die anderen Plattfische hielten sich nicht an sein Gebot. Und als es am Sonntag wieder vom Münster zu Doberan läutete, geschah das Strafgericht: „Dor slög de Klock van Doberan, dor blew dat Muul ehr schew bi stahn."

Und so sind sie bis heute schiefmäulig und stumm. Was allerdings ihrem Wohlgeschmack keinen Abbruch tut.

Die Scholle will frisch gegessen werden. Ich bitte meine Fischfrau, sie mir küchenfertig zu machen, Kopf ab, Eingeweide 'raus, Flossen besäumen. Zu Hause lege ich sie auf einen tiefen Teller, pieke sie mit meiner spitzen Bratengabel ein paarmal von oben und unten an und beträufle (besser: begieße) sie reichlich mit Zitronensaft. Dann wird noch etwas Salz darübergestreut, und unsere platten Leckerbissen können ein halbes Stündchen durchziehen.

Anschließend werden sie mit Ei und Semmelbröseln

paniert und in Butter von beiden Seiten 4 Minuten gebraten. Dazu schmecken Kartoffelpüree und Gurkensalat oder aber ganz gewöhnlicher grüner Salat, den wir auf mecklenburgische Weise mit Milch oder Buttermilch und Zucker anrichten. Das gibt unserer „Maischolle" einen besonderen, frühlingshaften Pfiff.

Ach, und dazu ein frisches L....r Pilsner!

Zutaten:
2 Portionsschollen,
Salz, Zitronensaft,
1 Ei, Semmelbrösel, Butter

Sonnabend

Kartoffelpuffer, Reibekuchen oder Tüffelpannkauken

Kartoffelpuffer entbehren nicht eines gewissen Schwierigkeitsgrades. An und für sich ist die Sache simpel, sie hat aber ihre Tücken. Die sind in den Materialien und ihren Eigenschaften begründet und in der Geschicklichkeit des Produzenten.

Wenn ich auch sonst eher ein kleines Licht bin – Tüffelpannkauken kann ich, da macht mir selbst Paul Bocuse nichts vor.

Nehmen Sie schöne dicke festkochende Kartoffeln und reiben Sie sie. Nicht zu fein! Lieber etwas gröber! Das geht von Hand oder mit dem entsprechenden Elektrogerät. Die Menge hängt vom Fassungsvermögen der Tischgenossen ab. In die Kartoffelmasse schlagen Sie ein Ei, sind mehr als zwei Esser anwesend, zwei Eier. Dann eine kräftige Prise Salz und ein gehäufter Eßlöffel Mehl. Rühren Sie alles gut um! Außerdem ist zu raten, die Pampe ein Viertelstündchen stehen zu lassen, ehe Sie ans Braten gehen, denn das Mehl muß etwas ausquellen.

Nun wird Öl (geeignet ist jedes anständige Speiseöl; Olivenöl indes wäre Verschwendung) in zwei Pfannen erhitzt; es genügt, wenn der Pfannenboden bedeckt ist. Wann ist das Öl heiß genug? Mein Freund Lothar Kusche, der das gleiche Gericht vor zwanzig Jahren in seinem grandiosen Machwerk „Wie man einen Haushalt aushält" furios beschrieb, die Pannkauken allerdings völlig unzutreffend „Märkische Reiblinge" nannte, würde, schon um sich an mir für meine respektlosen Marginalien zu rächen, den folgenden Rat geben: „Um die Temperatur des Öles zu prüfen, genügt es, eine Fingerkuppe einzutauchen. An der Größe der Brandblase lesen Sie leicht ab, ob Sie nachfeuern müssen oder bereits mit dem Braten beginnen können."

Ich hüte mich, dies zu tun. Ich tauche den Bratlöffel (auf seine Beschaffenheit komme ich noch) nur kurz, ohne Masse aufzunehmen, in den Teig und halte ihn dann ins Öl. Wenn es zischt, kann's losgehen.

Der Löffel sollte aus Holz sein. Wenn Sie noch aus Omas Nachlaß einen haben – das sind die besten. Sie schöpfen damit eine kleine Menge aus dem Vorrat, geben das Häufchen vorsichtig in die Mitte der Pfanne und verteilen mit dem umgedrehten Löffel das Kartoffelmus mit ruhig kreisender, konzentrierter Bewegung zum Pfannenrand hin, bis sie es zu einem kreisförmigen Gebilde

110

von ca. 15 Zentimetern Durchmesser gebracht haben. Die Flamme sollte dabei etwa mittelgroß sein, damit die Kartoffelmasse nicht verbrennt oder sich, was bei zu kleiner Flamme passiert, mit dem Bratöl vollsaugt.

Jetzt legen Sie den Löffel aus der Hand und greifen sich den unentbehrlichen Wender, jenes tortenheberähnliche Instrument, das vorn eine scharfe Kante haben sollte. Damit fahren Sie unter den Pfannkuchen und drehen ihn um.

Das Umdrehen durch Hochwerfen sollten Sie gar nicht erst üben, denn solange noch Fett in der Pfanne ist, sind solche Slapsticks gefährlich. Haben Sie den Pfannkuchen von beiden Seiten schön goldbraun, können Sie ihn dem schon wartenden Pulk der Esser servieren und den nächsten ansetzen.

Wenn Sie das mit zwei Pfannen beherrschen, sind Sie Geselle; wer es mit drei Pfannen kann, ist Meister. Sie sehen schon, daß Sie als Herdkünstler zunächst gar nicht zum Essen kommen, denn die Familie sitzt immerzu gierend vor leeren Tellern.

Dennoch: Frisch ut de Pann' sünd se an'n besten!

Als Aufstrich eignen sich: 1. Grobes Apfelmus. 2. Pflaumenmus. 3. Geriebener Käse. 4. Zucker. 5. Grützwurst. 6. Beliebige Gewürzmischungen.

Die Zahlen bezeichnen meine persönliche Wertschätzung. Natürlich können Sie auch dem Rezept folgen, das Heinrich Seidel einem Bauernlümmel in seinem Heimatdorf Perlin ablauschte. Es geht so: „...ierst Brot, öwer nich tau dick, un denn fett Bodder up, un dor Speck up, un up den Speck Pannkoken, und denn werre Bodder un denn werre Speck un denn werre Pannkoken, un noch 'n poormal so – ik segg di, Paster-Heinerich, dat smeckt fein!" Und er setzt hinzu: „De Hahn sall mi hacken, wenn't nich wohr is!" Mi ok.

Zutaten:
Kartoffeln,
1–2 Eier, Mehl, Salz, Öl

INHALT

Zutaten: 1 Weißkohlkopf, 200 g Gehacktes halb & halb, Brühe, Pfeffer, Salz, Kümmel, Knoblauchpulver, Margarine

Freitag

Maränen, gebraten 28

Zutaten: 6 kleine Maränen, Butter oder Margarine, Salz, Zitronensaft

Sonnabend

Spinat und Spiegelei 32

Zutaten: 1 Päckchen Feinfrost-Spinat (400 g), Salz, Pfeffer, Sardellen-paste, Margarine, Eier

Die zweite Woche

Sonntag

Gefüllte Koteletts 36

Zutaten: 2 Koteletts, Butter oder Margarine, Salz, Pfeffer, Knoblauchpulver; für die Füllung Schafskäse oder Champignons oder Spargelstücke oder gemischte Kräuter oder Schinkenwürfel oder...

Montag

Grüne-Bohnen-Eintopf 39

Zutaten: 500 g grüne Bohnen (oder 1 große Dose), 2 – 3 mittlere Kartoffeln, 1 Zwiebel, Brühe, Petersilie, Bohnenkraut, 150 g Corned beef (oder Suppenfleisch)

Dienstag

Gardestern 42

Zutaten: 100 g Schinken, Butter oder Margarine, Eier nach Belieben

Montag

Linseneintopf 64

Zutaten: 2 Tassen Linsen, 1 Zwiebel, 1 Möhre, 2 – 3 mittlere Kartoffeln, 1 Scheibe Kasseler Kamm, Petersilie, Bohnenkraut, Essig

Dienstag

Nudeln mit Schinken und Ei 67

Zutaten: 2 Tassen Spirelli, 100 g Schinkenspeck, Butter, 3 Eier, geriebener Käse (Parmesan oder Gouda), Ketchup, Oregano

Mittwoch

Gebratene Leber von Rind oder Schwein 70

Zutaten: 250–300 g Leber, Butter oder Margarine, Mehl, Salz, 1–2 Zwiebeln, 1 fester Apfel

Donnerstag

Königsberger Klopse 73

Zutaten: 300 g Hackfleisch halb & halb, 1 Scheibe Weißbrot oder 1 trockenes Brötchen, 1 Eigelb, 1 große Zwiebel, Pfeffer, Salz, Zucker, Mehl, Brühe, Sardellenpaste, Zitronensaft, Kapern, Piment, Senf, Weißwein, Butter oder Margarine

Freitag (auch Karfreitag, Heiligabend und Silvester)

Karpfen 77

Zutaten: 1 Karpfen (1–1,5 kg), 1 Zwiebel, Piment, Senfkörner, Pfefferkörner, Lorbeerblatt, Salz, Essig, Butter, Zitronensaft

Sonnabend

Senf- oder Mostricheier 80

Zutaten: 4 Eier, Butter, Mehl, Brühe, Senf, Zucker, 1 Schuß Weißwein,
1–2 Kapern

Die vierte Woche

Sonntag

Kasseler mit Grünkohl und Bratkartoffeln 84

Zutaten: 1 kg Kasseler Rippenspeer, 1–1.5 kg Grünkohl oder 1 große
Dose, Schmalz, 1 Zwiebel, Pfeffer, Zucker

Montag

Kartoffelsuppe (meckl. Kantüffelsupp) 89

Zutaten: Kartoffeln, Brühe, Selleriekraut, 1 Möhre, 1 Zwiebel, Petersilie,
Würstchen oder Speck nach Belieben

Dienstag

Bouletten, Frikadellen oder „Bäckergewinn" 92

Zutaten: 250 g Hackfleisch halb & halb, Semmelbrösel oder Weißbrot,
1 Ei, Pfeffer, Salz, 1 Zwiebel, Butter oder Margarine, Mehl

Mittwoch

Brathering, sauer eingelegt.................................... 95

Zutaten: 6–8 mittlere grüne Heringe, Salz, Zitrone, Mehl, Margarine;
Essig, Piment, Lorbeerblatt, Senfkörner, Zucker, 1 Zwiebel, Pfefferkörner
(weiß)

Donnerstag

Zutaten: 1 Schweineschulter (600–800 g), Butter, Salz, 1 Zwiebel, 1 Apfel, saure Sahne, 1 Knoblauchzehe, Mehl

Freitag

Zutaten: 2 Portionsschollen, Salz, Zitronensaft, 1 Ei, Semmelbrösel, Butter

Sonnabend

Zutaten: Kartoffeln, 1–2 Eier, Mehl, Salz, Öl

*

Alle Zutaten sind für 2 Personen berechnet! Kasseler mit Grünkohl und Schweineschulter reichen für 2 Tage; es lohnt nicht, diese Gerichte in kleineren Mengen anzusetzen. Gleiches ist auch für Rouladen zu empfehlen.

Die Anekdoten auf den Wochenblättern entstammen den Sammlungen von Siegfried A. Neumann, Rostock (S. 9), Gerhard Grümmer, Rostock (S. 35), Jürgen Borchert, Schwerin (S. 60) und Kuno Karls, Hagenow (S. 83).
Der Autor verwendete sie bereits in seinem „Mecklenburg. Ein Anekdotenbuch" (Rostock, Hinstorff Verlag, 1984; 1994).

Zum Autor

Jürgen Borchert

Geboren 1941 in Perleberg. Lebt als Publizist und Schriftsteller in Schwerin. Seit etwa 20 Jahren hat er zahlreiche Arbeiten als Buchautor und Herausgeber veröffentlicht. Seine Themen sind Kultur- und Landesgeschichte Mecklenburgs, Biographien und romanhafte Darstellungen zur deutschen Literaturgeschichte, hauptsächlich des 19. Jahrhunderts. Für seine Arbeiten erhielt er 1980 und 1987 den in Schwerin verliehenen Fritz-Reuter-Kunstpreis und 1992 den Johannes-Gillhoff-Preis (Hamburg). Bekannt vor allem durch seine „Mecklenburgischen Zettelkästen" (Hinstorff Verlag). Im Demmler Verlag sind bisher von ihm „150 Schweriner. Persönlichkeiten aus der Kulturgeschichte", „Mecklenburgs Großherzöge" und „Spaziergänge in Mecklenburg" erschienen.

Zum Illustrator

Horst Schmedemann

Geboren 1934 in Schwerin. Lithograph, Grafiker und Maler, Schüler von Rudolf Gahlbeck. Von 1950 bis 1993 in der Schweriner Volkszeitung tätig. Seit 1965 beteiligt an Ausstellungen u. a. in Mexiko, Moskau, Bratislava, im Irak, in Österreich, Nepal, Polen, Bulgarien und Schweden. Personalausstellungen u. a. in Boizenburg, Arneburg, in der Mecklenburger Mühle und in Schwerin. Buchillustrationen u. a. für den Eulenspiegel-Verlag, den Hinstorff-Verlag, für die Landesverlags-Druckerei Schwerin und den Demmler Verlag (Werner Lindemann: „Gedanken sind Kinder der Stille", Jürgen Borchert: „Spaziergänge in Mecklenburg").

Meine Rezepte

SCHWERINer TRÜMPFE

Schloß! Theater! Uhle!

das Besondere am Schloß
SEINE EINMALIGKEIT

das Besondere am Theater
SEIN TEAM

das Besondere an Uhle
DAS UNVERWECHSELBARE

Uhle

Restaurant *Weinhaus Uhle* - Schusterstraße 13-15
19055 Schwerin - Telefon: (03 85) 5 81 19 32 und 56 29 56

Mecklenburger
Landbäckereien GmbH

- Moderner überregionaler Anbieter von Bäckereiprodukten

- umfangreiches nach traditionellen Rezepten hergestelltes Frischesortiment an Laib- und Schnittbroten, an Kuchen und Brötchen

- neu im Angebot auch Brote aus ökologischem Landbau mit dem Markenzeichen BIOPARK

Mecklenburger Landbäckereien GmbH Schwerin
Telefon 0385/ 47 710

Kartoffelspezialitäten aus der

In der Kulturhistorischen Reihe sind weiterhin erschienen:

Wolf Karge
H e i l i g e n d a m m
Erstes deutsches Seebad
144 S., 34 s/w Fotos , 23 Farbfotos
Hardcover 24.80 DM, ISBN 3-910150-17-9

Werner Stockfisch
M e c k l e n b u r g
In Bildern von Wilhelm Facklam
72 S., 31 Farbfotos, 5 s/w Fotos
Hardcover 24.80 DM, ISBN 3-910150-19-5

Werner Lindemann
G e d a n k e n
sind Kinder der Stille
80 S., mit 10 farbigen Pastellen von Horst Schmedemann
Hardcover 19.80 DM, ISBN 3-910150-21-7

Jürgen Borchert
S p a z i e r g ä n g e
in Mecklenburg
144 S., mit 12 farbigen Pastellen, 30 s/w Zeichnungen
von Horst Schmedemann
Hardcover 24.80 DM, ISBN 3-910150-20-9

Brigitte Birnbaum
FONTANE
in Mecklenburg
144 S., 47 s/w Abb., Hardcover, 24.80 DM

Zu beziehen über jede Buchhandlung oder beim Verlag.

Fordern Sie bitte auch das Gesamtverzeichnis der
weiteren lieferbaren Titel des Demmler-Verlages an.

Demmler-Verlag, Bahnhofstraße 36, 19057 Schwerin
Geschäftsführerin Frau Dr. Margot Krempien
Telefon /Telefax 0385 / 44979